PERSUASÃO
& INFLUÊNCIA

Robert B. Cialdini,
Steve J. Martin e Noah J. Goldstein

PERSUASÃO
& INFLUÊNCIA

como **pequenas mudanças**
podem gerar **grandes resultados**

ALTA BOOKS
EDITORA
Rio de Janeiro, 2019

Copyright © 2019 Starlin Alta Editora e Consultoria Eireli
Copyright © 2014 by Steve J. Martin, Noah J. Goldstein and Robert B. Cialdini

Publisher: Renata Müller
Coordenação de produção: Alexandre Braga
Tradução: Bruno Alexander
Edição: Oliva Editorial
Diagramação: Carolina Palharini e Carlos Borges
Capa: Carolina Palharini
Produção Editorial - HSM Editora - CNPJ: 01.619.385/0001-32

Todos os direitos estão reservados e protegidos por Lei. Nenhuma parte deste livro, sem autorização prévia por escrito da editora, poderá ser reproduzida ou transmitida. A violação dos Direitos Autorais é crime estabelecido na Lei nº 9.610/98 e com punição de acordo com o artigo 184 do Código Penal.

Erratas e arquivos de apoio: No site da editora relatamos, com a devida correção, qualquer erro encontrado em nossos livros, bem como disponibilizamos arquivos de apoio se aplicáveis à obra em questão.

Acesse o site www.altabooks.com.br e procure pelo título do livro desejado para ter acesso às erratas, aos arquivos de apoio e/ou a outros conteúdos aplicáveis à obra.

Suporte Técnico: A obra é comercializada na forma em que está, sem direito a suporte técnico ou orientação pessoal/exclusiva ao leitor.

A editora não se responsabiliza pela manutenção, atualização e idioma dos sites referidos pelos autores nesta obra.

1ª edição

Dados Internacionais de Catalogação na Publicação (CIP)
Angélica Ilacqua CRB-8/7057

Martin, Steve J.
 Persuasão & Influência / Steve J. Martin, Noah J. Goldstein, Robert B. Cialdini ; tradução de Bruno Alexander. - Rio de Janeiro: Alta Books, 2019.
 256 p.

 ISBN 978-85-508-1079-9
 Título original: Small big — small changes that spark big influence

 1. Mudança organizacional 2. Influência (Psicologia) 3. Persuasão (Psicologia) I. Título II. Goldstein, Noah J. III. Cialdini, Robert B. IV. Alexander, Bruno

15-0032   CDD 658.409

Índices para catálogo sistemático:

1. Mudança organizacional

Rua Viúva Cláudio, 291 — Bairro Industrial do Jacaré
CEP: 20.970-031 — Rio de Janeiro (RJ)
Tels.: (21) 3278-8069 / 3278-8419
www.altabooks.com.br — altabooks@altabooks.com.br
www.facebook.com/altabooks — www.instagram.com/altabooks

Para Lindsay.

Para Janessa e meus pais, Adelle e Bernie Goldstein.

*Para Bobette – a heroína anônima deste livro –,
Hailey, Dawson e Leia. Desejo muito que vocês gostem
do que escrevi quando tiverem idade para ler.*

Sumário

Introdução   XIII

1. Que SMALL BIG pode persuadir as pessoas a pagar os impostos em dia?   1

2. Que SMALL BIG pode nos persuadir a ir contra a corrente?   8

3. Que PEQUENA mudança em nossa maneira de estruturar uma mensagem pode gerar GRANDES diferenças no resultado?   13

4. Que SMALL BIG pode ajudar a corrigir o que está errado?   17

5. Como uma PEQUENA mudança de nome pode fazer uma GRANDE diferença?   22

6. Que PEQUENOS passos podem gerar GRANDES saltos na hora de desenvolver relacionamentos, parcerias e trabalho em equipe?   26

7. Que SMALL BIG pode nos ajudar a crescer com a experiência?   29

8. Que SMALL BIGS podem nos persuadir a cumprir compromissos?   33

9. Que SMALL BIG pode nos ajudar a influenciar os outros de maneira sistemática?   37

10. Que SMALL BIG pode assegurar que o tiro da influência não saia pela culatra?   41

11. Que *SMALL BIG* devemos acrescentar à receita
de produtividade dos colaboradores? **45**

12. Que *SMALL BIG* evitar na hora de tomar decisões? **49**

13. Que *SMALL BIG* é essencial para a persuasão do planejamento? **54**

14. Que *SMALL BIG* pode prender as pessoas em nossas
iniciativas de persuasão? **58**

15. Que *SMALL BIG* estamos nos devendo? **61**

16. Que *SMALL BIG* pode nos ajudar a reconectar com nossos objetivos? **65**

17. Que *SMALL BIGS* podem ser usados para que a opção padrão
seja mais eficaz? **69**

18. Que *SMALL BIG* pode diminuir a tendência de procrastinação
das pessoas? (E nossa também!) **73**

19. Que *SMALL BIG* pode ajudar a fazer os clientes esperarem? **77**

20. Que *SMALL BIG* pode transformar seu potencial em realidade? **80**

21. Que *SMALL BIG* pode nos ajudar a conduzir reuniões mais produtivas? **85**

22. Que *SMALL BIG* pode nos ajudar a andar vestidos para o sucesso? **89**

23. Que PEQUENA mudança pode ter um GRANDE impacto na
apresentação das credenciais de sua equipe? **92**

24. Que *SMALL BIG* inesperado pode fortalecer um
especialista inseguro? **97**

25. Que *small big* pode impedir que você se torne o elo mais fraco? **100**

26. Que *small big* pode incentivar mais pensamentos criativos? **103**

27. Que PEQUENA mudança de local pode gerar GRANDES diferenças em nossas negociações? **106**

28. Que *small big* pode aumentar nossa força e nosso poder de persuasão? **109**

29. Por que o amor talvez seja o único *small big* de que precisamos? **113**

30. Que *small big* pode nos ajudar a encontrar o presente perfeito? **116**

31. Que GRANDES vantagens podemos obter quando damos o PEQUENO passo de estabelecer trocas? **119**

32. Que PEQUENO ato de apreciação faz uma GRANDE diferença em termos de influência? **122**

33. Pode a imprevisibilidade ser a PEQUENA semente responsável por uma GRANDE colheita? **126**

34. Que *small big* surpreendentemente simples pode fazer que você consiga a ajuda de que precisa? **131**

35. Que *small big* pode fazer diferença quando o assunto é negociação? **134**

36. A precisão pode ser o *small big* necessário para conseguir melhores negociações? **137**

37. Que PEQUENA mudança na terminação dos números pode fazer uma GRANDE diferença em termos de comunicação? **141**

38. Será que uma PEQUENA mudança de ordem pode ser a GRANDE diferença que aumentará o número de pedidos? **147**

39. Que *SMALL BIG* pode fazer que você consiga muito mais com muito menos? **151**

40. Como o PEQUENO ato de utilizar a unidade como referência pode fazer GRANDE diferença em nossas propostas? **154**

41. Por que chamar atenção para características específicas pode ser o *SMALL BIG* que impulsionará nossa campanha? **158**

42. Que *SMALL BIG* pode assegurar que nossos custos não sejam de oportunidades perdidas? **162**

43. Que *SMALL BIG* pode ajudar a motivar os outros (e nós mesmos) a finalizar tarefas? **166**

44. Que *SMALL BIG* pode aumentar a fidelidade dos clientes? **170**

45. Que *SMALL BIG* pode fazer que 1 + 1 seja mais do que 2? **174**

46. Como um PEQUENO passo para trás pode gerar um GRANDE salto para a frente? **177**

47. Como dar GRANDES passos a partir de PEQUENOS tropeços dos outros? **181**

48. Como uma PEQUENA mudança de "eliminação do erro" para "administração do erro" pode gerar GRANDES resultados? **185**

49. Como uma PEQUENA mudança de referência temporal pode fazer uma GRANDE diferença nas avaliações online? **189**

50. Que PEQUENA mudança nos e-mails pode gerar GRANDES diferenças nas negociações com nossos parceiros de negócios? **192**

51. Como um PEQUENO toque pode gerar um GRANDE
aumento no valor? **196**

52. Deixando o melhor para o final. Que SMALL BIG pode
fazer toda a diferença? **200**

O SMALL BIG: capítulo bônus **204**

Agradecimentos **211**

Notas **213**

Índice remissivo **226**

Introdução

Britney Spears ficou famosa por não comparecer em compromissos, assim como os atores Gérard Depardieu e Lindsay Lohan. Mas a ausência das celebridades não se limita aos tribunais. Algumas celebridades chegam a decepcionar os próprios fãs. A banda de rock britânica Oasis ganhou reputação de pouco confiável no que se refere ao assunto, e o cantor americano de música country, George Jones, já faltou a tantos shows que ficou conhecido como "Jones, o desaparecido".

Ao contrário desses casos, de estrelas sob holofotes, o absenteísmo no dia a dia não atrai tanta atenção. Uma pessoa perde a reserva no restaurante; um cidadão não cumpre com o dever cívico de ser jurado; um executivo ocupado se esquece de uma reunião; um amigo se esquece de um encontro no café; um paciente não comparece à consulta médica.

Se considerarmos cada um desses casos isoladamente, não parece nada de mais. Mas todo ano, milhões de reuniões de negócios, reservas em restaurantes, apresentações de venda, aulas particulares e horários no cabeleireiro são cancelados. Esses pequenos lapsos, somados, podem causar um enorme impacto financeiro.

Considere uma pessoa que deixa de ir a uma consulta médica. Em princípio, não parece ser um grande problema. Um médico atarefado, imaginamos, aproveitará a rara oportunidade para colocar os papéis em dia, dar alguns telefonemas ou fazer uma pausa. Mas quando esses incidentes passam a ser recorrentes, o impacto cumulativo de ineficiência, diminuição da receita e custos irrecuperáveis pode ser imenso.

Nota do Editor — *SMALL BIG*: Como influenciar e persuadir as pessoas de maneira ética, levando em conta pequenas mudanças capazes de produzir grandes resultados.

No Reino Unido, estima-se que o absenteísmo custe ao Serviço Nacional de Saúde cerca de £ 800 milhões por ano; nos Estados Unidos, economistas calculam uma perda de bilhões de dólares.

No setor de hospitalidade, quando os clientes não honram as reservas, os restaurantes apresentam declínio no faturamento e nos lucros, e se o número de cancelamentos não for revertido, alguns estabelecimentos podem até fechar.

Outras empresas sofrem quando dispendiosas reuniões precisam ser remarcadas porque um indivíduo crucial para o processo de tomada de decisões não pode comparecer ou quando potenciais clientes, mesmo após aceitarem o convite para uma apresentação de vendas, feira comercial ou convenção, não aparecem. O que fazer?

Felizmente, quando o assunto é persuadir pessoas a cumprir seus compromissos, pequenas mudanças podem gerar grande impacto. Num estudo recente que realizamos em postos de saúde, implementamos duas pequenas mudanças que resultaram numa significativa redução do índice de não comparecimento. As mudanças, sem custos de implementação, produziram um enorme impacto financeiro, permitindo que os prestadores de serviços de saúde em questão economizassem milhões de dólares por ano.

Descreveremos que pequenas mudanças foram essas num dos capítulos do livro (Capítulo 8, se você não conseguir esperar), mas vale lembrar que persuadir alguém a cumprir um compromisso é apenas um exemplo isolado do desafio da influência. Existem centenas de maneiras de persuadir os outros, dependendo da situação e do contexto.

No que se refere a influenciar o comportamento das pessoas, independentemente de quem desejamos persuadir, o que revelaremos ao longo deste livro é uma verdade bastante simples: *geralmente as menores mudanças de abordagem produzem as maiores diferenças.*

Este é um livro sobre como influenciar e persuadir os outros de modo eficiente e ético. Oferecemos informações úteis sobre dezenas de mudanças pequenas, porém decisivas que você pode colocar em prática imediatamente. Importante: não nos baseamos em palpites ou especulações para identificar quais mudanças específicas podem gerar bons resultados. Ao contrário, apresentamos provas respaldadas pela ciência da persuasão, com o objetivo de mostrar pequenas mudanças que podem surtir grandes efeitos nas mais diversas situações.

Há mais de 30 anos, Robert Cialdini publicou *O Poder da Persuasão*, livro que descrevia os seis princípios universais da persuasão, definidos a partir das evidências científicas disponíveis na época e do próprio estudo de campo de Cialdini, que durou três anos. Desde então, os pesquisadores confirmaram os seis princípios, e profissionais de todas as áreas continuam a utilizá-los até hoje.

Os seis princípios são: *reciprocidade* (sentimo-nos obrigados a retribuir favores que nos fazem), *autoridade* (esperamos que especialistas indiquem o caminho), *escassez* (quanto menos disponível o recurso, mais o desejamos), *afinidade* (quanto mais gostamos de uma pessoa, mais diremos sim a ela), *coerência* (queremos agir de maneira coerente com nossos valores) e *aprovação social* (pautamos nosso comportamento pelo que os outros fazem).

Em nosso livro anterior, *Sim! 50 Segredos da Ciência da Persuasão*, fornecemos dicas atualizadas e específicas sobre como aplicar esses princípios, além de uma série de outras estratégias baseadas na ciência da persuasão.

Mas a ciência não para.

Nos últimos anos, um número cada vez maior de pesquisas nos campos da neurociência, psicologia cognitiva, psicologia social e economia comportamental, entre outros, ajudou a esclarecer mais ainda como a influência, a persuasão e a mudança de comportamento ocorrem. Neste livro, abordaremos mais de 50 desses novos insights e ideias, a maior parte extraída de pesquisas realizadas recentemente.

Escrevemos propositadamente esses insights em capítulos curtos. Cada um demanda, em média, não mais que dez minutos para ser lido – tempo que nós (e muitos outros pesquisadores) confirmamos, por meio de estudos científicos, suficiente para entender o mecanismo psicológico em jogo. Depois veremos como aplicar na prática a ideia apresentada, nos mais variados contextos – no ambiente de trabalho, com colegas e clientes; em casa, com amigos e vizinhos; e numa série de outras situações comuns do dia a dia: interações diretas, reuniões de grupo, conversas por telefone, trocas de e-mails e redes sociais ou online.

Além de explorarmos os mais recentes insights na ciência da persuasão, existe outra coisa nova neste livro: o foco no tema de pequenas mudanças que geram grandes resultados. Pela primeira vez, consideraremos como influenciar e persuadir os outros (de maneira totalmente ética), levando em conta somente as menores mudanças capazes de produzir os maiores impactos.

Chamamos esse tipo de mudança de *small big*.

Acreditamos que esse foco científico em mudanças pequenas, mas de grande impacto, seja decisivo, porque a abordagem de persuasão que as pessoas costumam utilizar estão se tornando cada vez mais ineficazes.

Na hora de tomar uma decisão, a maioria das pessoas acha que é preciso considerar todas as informações disponíveis antes de chegar à linha certa de ação e que o mesmo deve valer para os outros, ou seja, que a melhor forma de persuadir alguém é fornecer todas as informações disponíveis e argumentos de por que prestar atenção naquilo.

Por exemplo, um médico, ao diagnosticar um paciente com uma doença crônica rara, mas tratável, talvez apresente informações sobre etiologia e prognóstico antes de sugerir uma série de medidas para lidar com a situação, como mudanças nos hábitos alimentares e ingestão de remédios, no horário e dosagem prescritos. Um diretor de TI, frustrado com o crescente número de colaboradores baixando software sem autorização nos computadores da empresa, talvez envie um comunicado a todos descrevendo, com detalhes, as possíveis implicações de seus atos e os motivos pelos quais esses atos são considerados infrações à política da companhia. Não são só médicos e diretores de TI tentam informar às pessoas a mudança desejada. Todos nós fazemos isso.

Quer convencer aquele novo cliente de que seu produto é mais eficiente que o da concorrência e, portanto, vale a diferença de 20% no preço? Forneça informações e refutações que comprovem suas palavras. Quer convencer sua equipe de que seu último programa de mudança é diferente de todos os outros que você tentou implementar no passado? Forneça motivos e mostre como todo mundo sairá ganhando desta vez. Quer convencer seus clientes a adotar o plano de investimento de sua empresa? Conduza-os a uma análise técnica do histórico de investimento, enfatizando os resultados mais expressivos. Quer que seus filhos façam o dever de casa e durmam cedo? Converse com eles sobre estudo, explicando como pessoas que fazem o dever de casa têm mais chances de entrar nas melhores universidades. Quanto à hora de dormir, uma ideia é apresentar pesquisas comprovando os benefícios de uma boa noite de sono.

Porém, as últimas pesquisas no campo da ciência da persuasão revelam um fato geralmente ignorado que esclarecem, de maneira bastante satisfatória, por que as estratégias de informação como forma de persuasão à mudança costumam fracassar. Em suma, não é a informação em si que leva as pessoas a tomarem decisões, mas o contexto em que a informação é apresentada.

Estamos vivendo num ambiente mais sobrecarregado de informações e estímulos do que nunca. No entanto, simplesmente não conseguimos absorver todas as informações em meio à nossa vida atribulada, em que não temos tempo para nada. Cada vez mais, a influência de sucesso é governada pelo contexto e pelo ambiente psicológico em que as informações estão inseridas, não pelo conhecimento.

Qualquer um, portanto, pode aumentar consideravelmente sua capacidade de influenciar e persuadir os outros, não só tentando informar ou instruir as pessoas em relação à mudança, mas também fazendo pequenas alterações de abordagem de modo a vincular sua mensagem a motivações profundamente arraigadas no ser humano. Uma pequena mudança de contexto, *timing* ou forma como a informação é transmitida pode alterar dramaticamente a forma como a informação é recebida e adotada.

Na condição de cientistas comportamentais que estudam tanto a teoria quanto a prática da influência e da persuasão, ficamos fascinados de ver não só como mudanças mínimas de comunicação podem gerar enormes resultados, mas também de constatar que essas mudanças raramente exigem grandes investimentos de tempo, esforço ou dinheiro.

Ao longo do livro, determinaremos com precisão quais são essas pequenas mudanças que devemos realizar e como aplicá-las estratégica e eticamente de modo a produzir GRANDES diferenças em nossa capacidade de influenciar os outros sem ter de recorrer a alavancas financeiras (incentivos, descontos, abatimentos, penalidades etc.) ou gastar tempo e recursos valiosos.

Também apresentamos diversos mistérios, colocando uma série perguntas que podem ser respondidas se compreendermos melhor a ciência da persuasão. Por exemplo:

- Qual pequena alteração você pode fazer num e-mail para facilitar as negociações com seus parceiros de negócio?
- O que furacões, como preços com final "99 centavos" e *frozen yogurt*, podem lhe ensinar sobre outras pequenas mudanças capazes de gerar uma persuasão eficaz?
- Quais mínimas mudanças de abordagem podem ajudá-lo a realizar reuniões mais produtivas?
- Qual pequena mudança de linguagem pode motivar os outros (e você mesmo) a atingir uma meta, sem custo, como alcançar um determinado número de vendas, perder peso, adquirir um novo hobby ou fazer que seus filhos terminem o dever de casa?

É fácil, no mundo agitado e informatizado de hoje, em que as atualizações de informação estão disponíveis com um clique, ignorar a importância de pequenas mudanças no contexto da informação. Mas é um erro.

Embora não haja dúvida de que as novas tecnologias e o acesso imediato a informações nos trouxeram grandes benefícios, o hardware cognitivo que usamos para processar essas informações permaneceu quase inalterado por séculos. Ironicamente, quanto maior a quantidade de informações que temos para tomar melhores decisões, menor a probabilidade de usar todas elas na hora de decidir. As pessoas de hoje são tão influenciadas por pequenas mudanças no contexto da comunicação quanto nossos ancestrais de centenas ou milhares de anos atrás.

Quando o assunto é influenciar e persuadir os outros de maneira ética e eficaz, *o pequeno é o novo grande.*

Então, comecemos nossa jornada por essa nova ciência da persuasão testemunhando como pequenas mudanças na redação de uma carta persuadiram milhares de cidadãos a pagarem os impostos que deviam, rendendo ao governo milhões de libras em faturamento extra. Depois, consideremos as implicações desse caso em seus próprios esforços de persuasão.

Steve J. Martin
Noah J. Goldstein
Robert B. Cialdini

CAPÍTULO 1

Que SMALL BIG pode persuadir as pessoas a pagar os impostos em dia?

Como os cobradores de impostos de muitos países, a Her Majesty's Revenue & Customs (HMRC, administração fiscal do Reino Unido) tinha um problema: muitos contribuintes não estavam entregando a declaração de imposto de renda e pagando o que deviam dentro do prazo.

Por muitos anos, oficiais da HMRC endereçaram cartas e comunicados, com as mais variadas abordagens, aos contribuintes atrasados. A maioria dos comunicados focava nas consequências de não pagar os impostos em dia: juros, multas por atraso e processo judicial. Com alguns, essa abordagem tradicional funcionava; com outros, não.

Foi quando, no início de 2009, depois de procurar nossa empresa, a Influence at Work, a HMRC decidiu experimentar uma abordagem alternativa, com base na ciência da persuasão. Foi necessária apenas uma pequena mudança: acrescentar uma simples frase na carta-padrão.

Essa pequena mudança foi memorável não só pela simplicidade, mas também pela grande diferença que fez nas taxas de resposta. As novas cartas levaram ao pagamento de £ 560 milhões, de uma dívida de £ 650 milhões, foco dos estudos-piloto, representando 86% do total. Para colocar a questão em perspectiva, no ano anterior a

HMRC havia recolhido £ 290 milhões, esperando £ 510 milhões – apenas 57% do total.

De um modo geral, as novas cartas, combinadas com as melhores práticas do setor privado de cobranças, contribuíram para o recolhimento de £ 5,6 bilhões a mais de receita atrasada em relação ao ano anterior. Além disso, a HMRC reduziu a dívida nos registros em £ 3,5 bilhões. Levando em consideração o tamanho e o custo das mudanças, o impacto final é realmente assombroso.

Então, qual foi exatamente essa pequena mudança na carta? Simplesmente (e abertamente) informamos os destinatários do grande número de cidadãos que pagavam seus impostos em dia.

Mas por que milhares de pessoas se sentiriam compelidas a pagar os impostos em dia com base numa mudança tão pequena na carta-padrão? A resposta reside num princípio fundamental do comportamento humano, conhecido pelos cientistas como *aprovação social* – a evidência da multidão. Significa que nosso comportamento é, em grande parte, moldado pelo comportamento das pessoas à nossa volta, principalmente aquelas com as quais *mais* nos identificamos.

Os pesquisadores estudaram o fenômeno por décadas e descobriram que os seres humanos não são os únicos a sofrer essa influência. Os pássaros formam bandos; os bois, rebanhos; os peixes, cardumes; e os insetos, enxames. O poder da aprovação social é tão grande que até organismos sem um córtex cerebral estão sujeitos à sua força. Esse conceito pode não ser novo, mas estamos aprendendo mais sobre seu impacto e modos de aplicação.

O fato de a pressão social, em muitos casos, ser mais forte que o aprendizado formal pode ser considerado preocupante e reconfortante ao mesmo tempo. Preocupamo-nos de sermos vistos como carneirinhos submissos à multidão, mas essa conformidade também nos tranquiliza, porque nos conduz, com frequência, às decisões acertadas.

Seguir a multidão não é uma ação motivada apenas pela necessidade de competir com os vizinhos. É algo mais profundo que isso, tendo como base três motivações humanas simples, porém poderosas: a motivação de tomar decisões certas da forma mais eficaz possível; a motivação de fazer parte e receber aprovação dos outros e a motivação de ver a si mesmo sob uma ótica positiva.

A mudança aparentemente pequena nas cartas do Reino Unido gerou impacto porque ativou essas três motivações de uma só vez. No contexto de uma vida atribulada, "fazer o que a maioria está fazendo" pode ser um atalho bastante eficiente para tomar boas decisões, seja a que filme assistir, em que restaurante comer ou, no caso da HMRC, se devemos pagar – e quando –, os impostos.

Chamar a atenção para o fato de que a maioria das pessoas paga seus impostos em dia vincula-se fortemente com o desejo de pertencimento. Afinal, seguir a maioria aumenta nossas chances de ganhar a aprovação dos outros e estabelecer conexões sociais.

Por fim, nesse caso específico, a terceira motivação, o desejo de ver a si mesmo sob uma ótica positiva, também foi acionada. Ninguém tem orgulho de ser caloteiro. Certamente, é mais fácil ser parasita da sociedade se acreditarmos que todo mundo é parasita. Mas ao saber que tantas pessoas pagam os impostos em dia, os poucos que não pagam se sentem aproveitadores. Em face dessa informação, seguir a maioria pagando os impostos ajudou a restaurar a autoimagem de indivíduo que faz a sua parte.

O conceito de aprovação social é tão poderoso que nos surpreende constatar a ignorância das pessoas em relação a sua influência. Numa série de estudos realizados por dois de nós com os cientistas comportamentais Wes Schulz, Jessica Nolan e Vladas Griskevicius, perguntamos a centenas de moradores da Califórnia sobre a possível influência de quatro fatores de conservação de energia na hora de reduzir o consumo de energia em casa. Os quatro fatores são: (1) poupar energia ajuda o meio ambiente; (2) poupar energia garante as futuras gerações; (3) poupar energia ajuda a poupar dinheiro; (4) muitos vizinhos estão poupando energia.

Os moradores foram unânimes em classificar a motivação (4) como a menos influente em seu comportamento. Munidos dessa informação, realizamos uma experiência num bairro do sul da Califórnia, selecionando casas aleatoriamente. Cada casa deveria colocar um cartaz na porta de entrada com um dos quatro fatores listados acima. Alguns moradores foram lembrados de como poupar energia ajuda o meio ambiente, outros, de como a economia de energia garante as futuras gerações, e um terceiro grupo, de como economizariam dinheiro se poupassem energia. Finalmente, um quarto grupo de moradores foi informado do resultado de uma recente pesquisa, indicando que a maioria dos vizinhos estava se esforçando para poupar energia.

Quando medimos o consumo de energia cerca de um mês depois, descobrimos que a aprovação social foi o fator mais efetivo na mudança de comportamento dos moradores – embora a maioria dos entrevistados ao estudo anterior tenha relegado essa opção ao último lugar.

O interessante é que a maior parte das pessoas entrevistadas no primeiro estudo disse que o principal fator para poupar energia era a proteção ao meio ambiente, mas no segundo estudo, esse fator não influenciou quase ninguém.

A verdade é que, além de não reconhecerem o que influenciará seu futuro comportamento, as pessoas tampouco estão sintonizadas com o que as persuadiu.

Um de nós foi convidado a participar de um programa de TV, numa seção que procurava identificar os motivos pelos quais as pessoas são persuadidas a ajudar os outros numa série de contextos cotidianos (sem caráter de urgência). Numa estação de metrô bastante movimentada de Nova York, contratamos pesquisadores para contar o número de passageiros que davam dinheiro para um músico que tocava ali.

Pouco tempo depois, uma pequena mudança na situação ocasionou um impacto imediato e impressionante. Um pouco antes de um passageiro se aproximar do músico, outro indivíduo (um ator) jogava algumas moedas no chapéu dele. O resultado? Um aumento de oito vezes no número de pessoas que decidiram fazer uma contribuição.

Numa série de entrevistas com as pessoas que deram dinheiro, nenhuma delas atribuiu sua ação ao fato de ter visto alguém dando dinheiro primeiro. As justificavas eram as mais variadas:

"Gostei da música que estava tocando"; "Sou uma pessoa generosa"; "Senti pena do cara".

O fato de as pessoas terem dificuldade de reconhecer os fatores que influenciam seu comportamento antes e *depois* de um determinado acontecimento tem uma implicação direta para qualquer empresa ou organização que invista tempo, energia e, frequentemente, muitos dólares perguntando a seus clientes o que motiva seu comportamento e decisões de compra. Mesmo confiantes de que os clientes responderão sem problema algum, não temos tanta confiança de que as respostas reflitam a realidade, fazendo que as estratégias de marketing resultantes dessas enquetes tenham alto índice de fracasso.

Portanto, em vez de basear suas estratégias de influência no que as pessoas dizem que influencia suas decisões, uma pequena mudança que você pode fazer imediatamente é descrever, de maneira simples e sincera, o que a maioria das pessoas próximas de seu público-alvo já está fazendo e que você gostaria que seu público também fizesse. Por exemplo, um executivo de desenvolvimento empresarial com o desejo de atrair clientes para uma apresentação sobre um novo produto pode aumentar o público presente convidando primeiro aqueles com maior probabilidade de comparecer à reunião. Em seguida, o executivo pode se dirigir ao resto dos clientes ressaltando que "muitos já confirmaram presença". Essa pequena mudança pode ser muito eficaz, mesmo que as pessoas tenham dito anteriormente que a presença dos outros não exercerá nenhuma influência em sua decisão de comparecer ou não.

O recurso da aprovação social pode ser aprimorado aplicando-se outro insight decorrente dos estudos sobre as cartas de cobrança de impostos do Reino Unido: acrescentar uma especificidade extra. Algumas cartas destacavam não só o número de pessoas no país que pagavam seus impostos em dia, mas também a porcentagem de contribuintes que moravam no mesmo CEP do destinatário. Essa abordagem teve uma taxa de resposta de 79%, em comparação com os 67% das cartas convencionais.

Evidentemente, não são só os governos e os coletores de impostos que podem se beneficiar da aplicação desse conhecimento. A maior parte das empresas e organizações – desde usinas de força globais até associações comunitárias locais – necessita arrecadar fundos de clientes e participantes num determinado prazo. Embora existam evidências de que a maioria das pessoas pague em dia, nossa recomendação é apresentar essa informação em faturas e extratos. Apesar da improbabilidade de que essa pequena mudança isolada influencie todo mundo a pagar em dia, ela certamente aumentará a taxa de resposta em relação ao pagamento, liberando recursos organizacionais para a minoria que evita pagar em dia de propósito ou que não paga nunca.

Repare também na importância de concentrar a atenção de seu público nos comportamentos frequentemente adotados e desejáveis. Num estudo realizado por um de nós com os médicos Suraj Bassi e Rupert Dunbar-Rees, verificamos que os postos de saúde que divulgaram o número de pessoas que deixaram de comparecer em consultas marcadas registraram um aumento de não comparecimento no mês seguinte. Conforme mencionado na introdução, o absenteísmo pode gerar grandes perdas e ineficiência, não só em postos de saúde, mas em todos os tipos de negócio e configurações do setor público. Uma pequena e econômica mudança, como concentrar-se nos comportamentos desejados, pode fazer uma diferença e tanto.

É claro que a estratégia de destacar o número de pessoas que apresentam comportamentos desejados, como pagar impostos, comparecer nas consultas ou fazer o dever de casa dentro do prazo, não será tão bem-sucedida se o comportamento ou mudança que estamos tentando efetivar não estiver sendo praticado pela maioria das pessoas. Nesses casos, por mais tentador que seja inventar uma maioria, não recomendamos seguir adiante com essa ideia. Além de ser antiético, se descobrirem que seu recurso de aprovação social foi forjado, qualquer tentativa de influenciar os outros que você fizer no futuro terá que passar pelo crivo da credibilidade (na melhor das hipóteses) ou será simplesmente considerada nociva.

No entanto, existem alternativas. Aliás, duas abordagens específicas podem ser bastante eficazes. A primeira é enfatizar os comportamentos em grande parte aprovados numa determinada situação. Os cientistas comportamentais chamam de *norma injuntiva* aquilo que a maioria aprova/desaprova numa situação. Por exemplo, a divulgação dos resultados de uma pesquisa que revela que a maioria das pessoas que apoia uma causa em especial pode desempenhar um grande papel na futura mudança desejada: 80% dos moradores da Califórnia acreditam que é importante fazer sua parte nos programas de economia de energia, e 90% dos colaboradores entrevistados disseram que estão interessados em saber mais a respeito de como ter um estilo de vida mais saudável. Nesses casos, o SMALL BIG requer um comunicador para fazer que as normas injuntivas integrem a estratégia comunicada.

Outra abordagem eficaz é divulgar números absolutos que indiquem a adoção generalizada de uma ideia ou comportamento. A Opower, empresa sediada em Arlington, estado da Virgínia, fornece relatórios de consumo que incentivam os moradores a poupar energia. No site, a Opower vangloria-se, com todo o direito, de que seu programa ajudou pessoas a economizar "mais de seis bilhões de quilowatts-hora em energia" e "mais de US$ 750 milhões em contas de luz". Mensagens bastante convincentes no que se refere a estimular pessoas a aderir ao programa, mesmo sem provas específicas de que a maioria já aderiu. Mensagens que apontam para números crescentes de pessoas também podem ser uma estratégia útil, sobretudo nos estágios iniciais de campanhas, em que o objetivo é ganhar impulso. Por exemplo, um blogueiro cujo tráfego em seu blog nos últimos meses aumentou de 200 visitas por semana para cerca de mil pode publicar um aumento de cinco vezes nesse curto período. Um usuário do Facebook pode promover o número crescente de "curtidas" que recebeu.

Evidentemente, seria ingenuidade nossa afirmar que as estratégias de aprovação social, como a descrita na campanha em prol do pagamento de imposto no Reino Unido, são a solução para todas as situações em que queremos mudar um conjunto de comportamentos. Mas, considerando que algumas dessas estratégias estão rendendo bilhões, não milhões ou milhares, em faturamento extra e desempenho, faz sentido que nos aprofundemos em seu uso.

O que nos leva a uma pergunta relacionada: em que circunstâncias as pessoas se esforçariam para não fazer o que os outros à sua volta estão fazendo?

CAPÍTULO 2

Que SMALL BIG pode nos persuadir a ir contra a corrente?

Seja ao escolher um restaurante movimentado em vez de um lugar mais tranquilo, fazer parte da ola[1] num evento esportivo ou, conforme detalhado no capítulo anterior, persuadir as pessoas a pagar seus impostos em dia, a aprovação social pode ser um atalho eficientíssimo, ajudando-nos não só a tomar as melhores decisões, como também a criar laços e vínculos com os outros. A opção de seguir a maioria é tão sedutora que ir contra a corrente, além de difícil do ponto de vista emocional, pode ser até doloroso, segundo as recentes pesquisas no campo da neurociência.

Numa reprodução atual dos clássicos estudos de conformidade de Solomon Asch, da década de 1950, uma equipe liderada pelo neurocientista Gregory Berns apresenta a um grupo de pessoas,

---

[1] Os pesquisadores estudaram o conceito da ola nos estádios e descobriram que o movimento possui alguns aspectos comuns, independentemente do esporte sendo praticado ou da origem cultural da torcida. Por exemplo, pesquisadores da Eötvös University, em Budapeste, Hungria, identificaram que a maior parte das olas acontece em sentido horário, abrange cerca de 15 bancos e movimenta-se a uma velocidade de 12 metros por segundo. Quantas pessoas são necessárias para começar uma ola? De acordo com os mesmos pesquisadores, menos do que três dúzias.

como parte de um estudo de percepção, diversos objetos tridimensionais, para que sejam identificadas semelhanças e diferenças entre eles, em termos de tamanho e formato. Os pesquisadores avisam que, embora todos estejam participando do estudo, só um membro do grupo estará conectado ao aparelho de ressonância magnética funcional na sala ao lado e que todos devem aguardar na sala de espera enquanto configuram a máquina. O experimento, porém, não passa de um elaborado estratagema, porque todos os participantes do grupo são atores, exceto, claro, a pessoa ligada ao aparelho de ressonância magnética (o único participante de verdade), prestes a se tornar objeto de uma fascinante experiência: identificar o que acontece no nosso cérebro quando nos opomos à opinião consensual.

Após ser escolhido "ao acaso", o participante é conectado ao aparelho de ressonância magnética, vê uma série de imagens tridimensionais e deve dizer quais imagens são iguais e quais são diferentes. Antes de responder, contudo, o participante é informado de que "voluntários" da outra sala também viram e classificaram as imagens, agrupando-as em pares. De vez em quando o grupo dá uma resposta errada de propósito, para verificar se a pessoa cede à pressão social. Apesar de saber que as respostas estão erradas, a maioria dos participantes "selecionados" entra na onda 40% das vezes.

O mais interessante talvez tenha sido a descoberta de que, quando o participante fazia um julgamento independente, opondo-se à opinião consensual do grupo, as áreas do cérebro associadas à emoção eram ativadas, indicando que ir contra a corrente tem, de fato, um preço emocional que pagamos com dor.

Pode ser bastante difícil ir contra os grupos que consideramos especialmente importantes para nossa identidade social, em outras palavras, grupos que nos ajudam a definir quem somos e como enxergamos a nós mesmos. Por exemplo: no capítulo anterior, falamos de como os coletores de impostos do Reino Unido conseguiram persuadir mais pessoas a pagar seus impostos em dia simplesmente informando em lembretes que a maioria dos cidadãos já paga seus impostos dentro do prazo. Uma especificidade extra foi acrescentada

– a informação de que a maioria dos moradores do mesmo CEP dos destinatários pagou em dia –, e a taxa de resposta, que era de 67%, subiu para 79%.

Uma terceira carta também foi enviada, aprofundando-se na identidade social de cada indivíduo. Em vez de informar somente o CEP de quem havia pagado em dia, essa carta incluía o nome da cidade. Essa pequena mudança gerou um aumento ainda maior nas taxas de resposta, que chegou a 83%.

Esses resultados mostram que um *SMALL BIG* que os comunicadores podem utilizar é o alinhamento de sua mensagem com a identidade social do público-alvo. Por exemplo, no mundo virtual encontramos um dado que pode ser alavancado para maior persuasão nesse sentido: endereços IP. As organizações podem usar os endereços IP, que fornecem a localização dos visitantes, para apresentar a aprovação social de pessoas de uma área específica. Em outras palavras, em vez de oferecer as mesmas informações de aprovação social, pouco específicas, para os visitantes de Nova York e Houston, onde "81% das pessoas escolheram o pacote premium!", o site poderia ser programado para fornecer informações mais personalizadas em termos de identidade social, como: "82% dos habitantes de Nova York escolheram o pacote premium!" e "80% dos habitantes de Houston escolheram o pacote premium!", se os números forem verdadeiros, evidentemente.

O destaque desse tipo de informação não se limita a similaridades geográficas. Pode funcionar também com nomes de pessoas – um conceito que batizamos de semelhanças nominativas. Durante as eleições presidenciais de 2012, nos Estados Unidos, um e-mail da campanha de Obama convidava os eleitores a verificar quantas pessoas com o mesmo nome deles já haviam votado. Por exemplo, um dos e-mails dizia: "Oi, Emily, olha que legal: você pode saber quantas pessoas chamadas Emily já votaram".

Depois de visitarem a página, os usuários eram incentivados a enviar o link para os amigos. "Agora, compartilhe este link com as pessoas que você conhece, para que elas vejam quantas pessoas com o nome delas também votaram".

Mas assim como nos sentimos motivados a adquirir os comportamentos dos grupos a que pertencemos ou desejamos pertencer, também nos sentimos motivados a evitar os comportamentos dos grupos a que não desejamos pertencer. Numa análise fascinante dessa ideia, Jonah Berger, pesquisador e autor do best-seller *Contágio*, junto com Chip e Dan Heath, coautores dos best-sellers *Gente que reoslve* e *Ideias que Colam*, decidiram examinar a reação de alunos de um dormitório universitário ao constatarem que os alunos nerds de outro dormitório adquiriram o hábito de usar a mesma pulseira beneficente que eles. O primeiro passo foi enviar pesquisadores assistentes ao dormitório-alvo (i.e., o dormitório "descolado"), oferecendo as pulseirinhas em troca de uma doação a uma determinada instituição carente. Uma semana depois, esses pesquisadores fizeram a mesma coisa num "dormitório acadêmico" próximo – um que tinha a reputação de nerd, porque os alunos realizavam atividades extracurriculares, como cursos e discussões de grupo. Os pesquisadores sabiam que os alunos do dormitório-alvo veriam os alunos do outro dormitório usando as pulseiras, porque todos comiam no mesmo refeitório.

É importante ressaltar que, além do dormitório-alvo, os pesquisadores assistentes ofereceram as pulseiras a um grupo de controle num dormitório do outro lado do campus. Embora se esperasse que os alunos do dormitório-alvo interagissem com os alunos do dormitório nerd, a probabilidade de que esses dois grupos de alunos interagisse com o grupo de controle era pequena, devido à distância entre eles.

Os resultados foram surpreendentes. Os pesquisadores descobriram que após a compra das pulseirinhas pelos alunos nerds, houve uma queda de 32% no número de alunos do dormitório-alvo usando a pulseira. Como os pesquisadores souberam que a rejeição à pulseira devia-se, sobretudo, ao desejo de desvincular-se da imagem de nerd e não apenas uma mudança sazonal? Porque no grupo de controle (alunos que não interagia com os nerds), a queda no uso da pulseira foi de apenas 6%, no mesmo período de tempo.

Berger e Heath afirmam que a motivação de desassociar de determinados grupos é mais forte quando o comportamento do grupo é visível para outras pessoas. Para testar essa ideia, os pesquisadores realizaram outra experiência, dessa vez no âmbito das decisões alimentares. Os pesquisadores disseram a alguns alunos de graduação que os maiores consumidores de *junk food* no campus eram eles; a outros, disseram que eram os alunos da pós-graduação (um grupo com o qual os alunos de graduação normalmente não querem se vincular). O próximo passo foi pedir aos participantes para escolher alguns alimentos (alguns saudáveis, outros não), na frente de outros participantes ou sozinhos, sem ninguém saber. Berger e Heath verificaram que, no caso da escolha privada, não houve diferença no número de alunos que optaram pela *junk food* entre aqueles que achavam que os alunos de graduação eram os maiores consumidores desse tipo de comida no campus e aqueles que achavam que eram os alunos da pós-graduação. No entanto, à vista de todos, os participantes eram menos propensos a escolher *junk food* quando associavam esse comportamento aos alunos de graduação.

Em síntese, de acordo com essa pesquisa, as empresas que desejam conquistar novos segmentos de mercado precisam tomar cuidado para evitar situações em que a adoção de um produto por um novo segmento faz que os atuais usuários o abandonem para se desassociar dos novos consumidores. Em termos gerais, a ideia é que se quisermos desencorajar certos comportamentos – seja a alimentação pouco saudável, o hábito de jogar lixo na rua ou o atraso no trabalho –, devemos associar esses comportamentos com uma identidade indesejada.

Isso nos lembra um recente comercial de televisão da Samsung contra sua arqui-inimiga, Apple. O comercial mostra alguns usuários adolescentes da Apple esperando na fila para comprar o próximo iPhone. Um deles revela que comprou um Samsung há pouco tempo e só está na fila para guardar o lugar para um casal. Depois de um momento, ficamos conhecendo a identidade das pessoas para quem guardava o lugar, as pessoas das quais os adolescentes mais desejam se desassociar: seus pais!

CAPÍTULO 3

Que PEQUENA mudança em nossa maneira de estruturar uma mensagem pode gerar GRANDES diferenças no resultado?

Nos capítulos anteriores, descrevemos como aumentar consideravelmente a eficácia de sua proposta ou solicitação com uma pequena mudança de palavras que indique ao público-alvo que outro grupo semelhante de pessoas já está se comportando da maneira desejada. Além disso, apresentamos provas de que se essas pessoas e seu público-alvo tiverem uma identidade social comum e pertencerem ao mesmo grupo, sua mensagem será mais persuasiva ainda. Mas existe outro importante ponto a considerar – algo que poderá conduzi-lo a uma pequena mudança de abordagem capaz de gerar uma grande diferença no resultado: a estruturação de sua mensagem para revelar quão comum, ou incomum, é o comportamento que você está defendendo. Vejamos um exemplo.

Imagine que um amigo seu tem o desagradável hábito de espirrar sem cobrir o nariz e a boca. Você deve realçar os aspectos positivos das pessoas que cobrem o rosto ao espirrar ou seria mais eficaz enfatizar os aspectos negativos de quem não cobre?

O psicólogo Hart Blanton e seus colegas acreditavam que a estruturação bem-sucedida dependerá das percepções das normas sociais relevantes para seu amigo. Conforme mencionado anteriormente, somos motivados a nos adequar às normais sociais. Não obstante, procuramos nos definir com base naquilo que nos torna únicos. Isso significa que nas situações em que somos levados a pensar nas implicações de nosso comportamento sobre nossa identidade, costumamos dar mais atenção aos prós e contras de violar, em vez de seguir, as normas percebidas. Portanto, as tentativas de influenciar os outros geralmente têm mais sucesso quando as mensagens são abordadas em termos de *violação* das normas sociais, ao contrário de *adequação*.

Por exemplo, se seu amigo acredita que cobrir o rosto ao espirrar é a norma, uma mensagem estruturada no sentido de acentuar as características negativas daqueles que violam a norma deverá ter maior eficácia ("Quem *não* cobre o nariz ao espirrar é muito irresponsável"). Mas se ele acha que a norma é *não* cobrir o rosto, uma mensagem estruturada no sentido de acentuar as características positivas daqueles que violam a norma funcionará melhor ("Quem *cobre* o nariz ao espirrar é muito responsável").

Num experimento realizado para testar essa hipótese, Blanton e seus colegas pediram aos participantes que lessem um de dois artigos de jornal com informações divergentes: um dizia que a maioria dos alunos estava tomando vacina contra gripe, o outro, que a maioria não estava tomando a vacina. Em seguida, os participantes liam um segundo artigo, caracterizando o comportamento de quem toma e quem não toma a vacina. A mensagem desse segundo artigo era estruturada de duas maneiras: ou a decisão de imunizar-se estava associada a características positivas ("Quem *toma* a vacina tem consideração pelos outros") ou a decisão de não se imunizar estava associada a características negativas ("Quem *não* toma a vacina não tem consideração pelos outros").

Em consonância com as expectativas dos pesquisadores, os participantes do estudo foram influenciados mais pela mensagem que descrevia as características das pessoas que violavam a norma. Em outras palavras, quando os participantes achavam que a maioria dos alunos estava tomando a vacina contra gripe, eles eram persuadidos pela mensagem que caracterizava quem *não* tomava a vacina, e quando achavam que a maioria não estava tomando, eram persuadidos pela mensagem que caracterizava quem tomava.

QUE PEQUENA MUDANÇA EM NOSSA MANEIRA DE ESTRUTURAR
UMA MENSAGEM PODE GERAR GRANDES DIFERENÇAS NO RESULTADO?

Esse estudo mostra, portanto, que podemos aprimorar nossa mensagem se primeiro informarmos as pessoas das normas sociais relacionadas a um determinado comportamento e depois descrevermos as características daqueles que violam essas normas. Uma academia desportiva, com o objetivo de manter a limpeza dos vestiários, pode informar aos novos membros que a maioria dos alunos deposita a toalha usada no cesto de roupa suja em vez de deixá-la jogada no chão e que os poucos que não o fazem estão desrespeitando os outros. Colaboradores recém-contratados podem ser informados durante o programa de orientação que a maioria de seus colegas de trabalho conclui o relatório de despesas dentro do prazo, e aqueles que não terminam prejudicam todo o departamento. Um indivíduo recém-diagnosticado com diabete pode ser informado que a maioria dos pacientes como ele adquire o hábito de medir a taxa de glicose no sangue antes de dirigir e que os poucos que não o fazem estão colocando em risco a vida de outros motoristas.

Mas espera aí. No caso do aluno de ginástica, do novo colaborador e do sujeito com diabete (assim como no estudo sobre a vacina contra gripe), as pessoas informadas da norma social da situação já ignoram a norma. Será que uma abordagem similar funcionaria para quem que já possui crenças preexistentes sobre quão comuns ou incomuns são determinados comportamentos? A resposta é sim.

Numa experiência à parte conduzida por Blanton, Regina Van den Eijnden e outros pesquisadores, os participantes do estudo são indagados sobre suas percepções em relação a certos hábitos de saúde no campus da universidade. Duas semanas depois, leem depoimentos (forjados) de outros alunos, atribuindo características positivas (maduro, inteligente etc.) a quem mantém hábitos saudáveis e características negativas (imaturo, burro etc.) a quem não. Os pesquisadores verificaram que, quanto mais comuns os participantes consideram os hábitos de saúde, mais são influenciados pela mensagem que descreve negativamente os indivíduos que *não* mantêm esses hábitos. Em contrapartida, quando menos comuns os participantes consideram os hábitos de saúde, mais eles são influenciados pela mensagem que descreve positivamente os indivíduos que *mantêm* esses hábitos.

Essa e outras descobertas sobre o assunto apontam para a necessidade de uma pequena, mas importante reflexão por parte do comunicador na hora de estruturar uma mensagem persuasiva: considerar as percepções do público-alvo em relação às normas sociais antes de descrever os comportamentos que violam essas normas.

Da mesma forma, um executivo que deseja melhorar a pontualidade e eficiência no escritório deve considerar as percepções de seus colaboradores em relação à gravidade dos atrasos nas reuniões. Se a percepção for de que é um problema comum, a mensagem do executivo deve ter como foco nas características positivas dos colaboradores que chegam na hora. Por outro lado, se a crença comum for de que um atraso não é tão grave, a mensagem deve ter como foco as características negativas dos retardatários.

De um modo geral, esperamos que, com a implementação adequada de pequenas medidas de persuasão cientificamente comprovadas, possamos ter um mundo onde as pessoas sejam mais saudáveis, os colegas de trabalho colaborem mais uns com os outros e os vidros antiespirros nos balcões caiam em desuso.

CAPÍTULO 4

Que *SMALL BIG* pode ajudar a corrigir o que está errado?

Na década de 1990, Rudolph Giuliani, prefeito de Nova York na época, e outros representantes do governo nos Estados Unidos abraçaram uma ideia proposta pelos cientistas sociais James Wilson e George Kelling conhecida como a "teoria das janelas quebradas". De acordo com a teoria, qualquer sinal de desordem, por menor que seja – como uma janela quebrada num conjunto habitacional ou uma vitrine que precisa ser consertada –, pode ocasionar mais comportamentos negativos, por causa das normas sociais que implica.

Giuliani, o chefe de polícia e outros representantes do governo adeptos a essa teoria decidiram concentrar-se em pequenos, mas poderosos sinais de desordem e contravenção. A iniciativa incluía, entre outras medidas, a remoção das pichações em muros e paredes, a limpeza das ruas e uma política de tolerância zero para delitos aparentemente menores, como andar de metrô sem comprar o bilhete. Os políticos associaram tais medidas à redução de crimes e contravenções mais graves, embora não se tenha provas conclusivas em relação a isso. De todo modo, a pesquisa realizada pelos cientistas comportamentais Kees Keizer, Siegwart Lindenberg e Linda Steg parece fornecer provas suficientes quanto à influência de "pequenas" violações da norma sobre o comportamento das pessoas.

Além disso, o trabalho dos pesquisadores aponta para pequenas mudanças que podem gerar uma grande melhoria para tomadores de decisões e empresas.

Em experimentos de campo, Keizer e seus colegas testaram até que ponto alguns sinais sutis de desordem no ambiente é capaz de provocar o surgimento de outros comportamentos indesejáveis. Num dos estudos, os pesquisadores descobriram o cenário perfeito para o teste: um beco sem saída perto de um shopping center na Holanda, onde as pessoas estacionavam a bicicleta. Enquanto os consumidores estavam no shopping, os pesquisadores afixaram um panfleto de propaganda no guidom das bicicletas. No primeiro caso, deixaram o lugar exatamente como o haviam encontrado; no segundo, picharam as paredes do beco. Como o local não tinha lata de lixo, quando os compradores voltavam do shopping e se deparavam com o panfleto preso no guidom, precisavam tomar uma decisão simples: tirar o panfleto do guidom e levá-lo para casa ou jogá-lo no chão.

Os resultados revelaram que apenas 33% das pessoas jogaram o papel no chão quando não havia pichação nas paredes. No segundo caso, com as paredes pichadas, 69% das pessoas jogaram o panfleto na rua.

Em outro fascinante experimento de campo, Keizer e seus colegas foram a um estacionamento com diversas entradas de pedestre e bloquearam uma delas com uma cerca temporária. A sinalização da cerca indicava às pessoas que voltavam para buscar o carro que não deveriam utilizar aquela entrada, mas andar 200 metros até a entrada mais próxima. De qualquer maneira, os pesquisadores deixaram um espaço na cerca, para a pessoa entrar se quisesse. Também colocaram um cartaz na cerca avisando que era proibido amarrar bicicletas ali. O único aspecto de variação no estudo eram quatro bicicletas, que num caso estavam amarradas na cerca e no outro, simplesmente encostadas.

O resultado? No caso em que as bicicletas não estavam amarradas na cerca, apenas 27% dos pedestres ignoraram o cartaz e entraram pelo vão existente. Quando as quatro bicicletas estavam acorrentadas (violando a sinalização), 82% dos pedestres entraram por ali.

A pesquisa que estamos descrevendo demonstra que, ao percebermos que alguém violou uma norma social, além de estarmos mais propensos a violar a mesma norma, é provável que violemos uma norma relacionada. Por exemplo, um sujeito passeando com o cachorro no parque talvez permita que ele faça suas necessidades no gramado não porque vê o cachorro de outra pessoa fazendo o mesmo, mas por observar outros sinais de desordem no local, como lixo ou guimbas de cigarro no chão. Numa empresa em que a sala de fotocópias está sempre desarrumada e cheia de papel de rascunho, os colaboradores estão mais propensos a transgredir as normas oficiais, largando xícaras de café sujas na bancada ou deixando de limpar a cozinha quando algo derrama.

Mas será que uma transgressão aparentemente pequena no ambiente poderia fazer que alguém roubasse? Para responder a essa pergunta, os pesquisadores colocaram um envelope endereçado e selado na boca da caixa de correio, de modo que desse para perceber que continha dinheiro e estivesse facilmente acessível para os transeuntes. A única variação do estudo era a presença de lixo no chão. Quando não havia lixo visível, somente 13% das pessoas que passaram roubaram o envelope e o dinheiro que havia dentro. Mas com a sujeira do local, a taxa de roubo quase dobrou: cerca de 25% das pessoas surrupiaram o envelope!

Essas descobertas mostram apenas o poder de pequenas insinuações no ambiente em termos de influência sobre nosso comportamento. Consequentemente, quem tiver responsabilidade ou interesse em encorajar comportamentos pró-sociais deve considerar não só as pequenas mudanças que pode fazer em relação às mensagens, mas também as pequenas mudanças que pode fazer no ambiente, partindo do princípio de que, muitas vezes, é mais fácil e eficaz mudar o meio que a mente das pessoas.

Além disso, de acordo com o estudo, deixar sinais visíveis de violação das normas aparentemente irrelevantes pode provocar violações em áreas mais importantes. Por exemplo, gerentes de lojas de roupa podem achar que uma pequena bagunça nos provadores ou nos banheiros não é motivo de preocupação, quando, na verdade, pode aumentar o número de roubos, segundo a pesquisa. No trabalho, equipamentos em mau estado de conservação podem acabar influenciando as pessoas à preguiça ou a alguma contravenção.

Então, que SMALL BIGS os gestores, políticos ou tomadores de decisões podem utilizar para incentivar e manter comportamentos desejados na comunidade ou lugares públicos?

Uma possível pequena mudança provém de um insight relativamente novo no campo da psicologia social, em pesquisa realizada pelos pesquisadores dos estudos que descrevemos acima. Ao contrário do que diria o senso comum, um ambiente limpo e ordenado (sem copos sujos na cozinha, sem lixo no chão) não é o melhor contexto para incentivar os comportamentos desejados. O melhor contexto seria um meio em que o respeito pelas normas fosse evidente. Portanto, o mais eficaz não é fazer que as pessoas vivam num ambiente já ordenado, mas num meio em que possam testemunhar a restauração da ordem. Em outras palavras, no ambiente de trabalho, por exemplo, a melhor ação talvez seja mudar o horário de limpeza e arrumação do escritório. Em vez de o pessoal da faxina começar depois que todo mundo já foi embora, o ideal seria que começassem um pouco antes, para que os colaboradores possam ver o lugar sendo arrumado.

Um SMALL BIG relacionado que os representantes do governo poderiam utilizar seria desenvolver programas que estimulassem os cidadãos não só a parar de fazer ações indesejáveis, mas a desfazer as ações indesejáveis dos outros de maneira pública. As prefeituras poderiam alocar recursos para a formação ou apoio de grupos que desejassem demonstrar reprovação quanto à poluição ambiental, retirando lixo de lagos e praias, pintando muros pichados e limpando as ruas. Um estudo realizado por um de nós, junto com Raymond Reno e Carl Kallgren, revela que o efeito pode ser surpreendente. Em circunstâncias normais, 38% das pessoas jogaram no chão o panfleto que distribuímos. Numa segunda situação, em que os participantes viam um sujeito *pegando* do chão o lixo de outra pessoa, apenas 4% se desfizeram do folheto.

Seria ousado afirmar que o não policiamento dos hábitos de um colaborador de deixar comida estragada na geladeira pode fazer que sua empresa se torne a próxima Enron. Mas afirmamos por que o contexto define o comportamento tanto quanto o conteúdo informativo, por menor que seja. Até mudanças aparentemente pequenas num ambiente podem gerar uma grande diferença.

CAPÍTULO 5

Como uma PEQUENA mudança de nome pode fazer uma GRANDE diferença?

No final de outubro de 2012, o furacão Sandy atravessou o Caribe, pelo Atlântico, até chegar ao nordeste dos Estados Unidos, deixando um rastro de destruição por onde passou. Ventos de quase 160 km/h, acompanhados de chuvas torrenciais, causaram um estrago de mais de US$ 75 bilhões, segundo estimativas. Em seguida, milhares de pessoas, além de organizações como a Cruz Vermelha e a ONU, arrecadaram e direcionaram recursos para operações de socorro às vítimas e recuperação das áreas atingidas. As corporações e empresas também ajudaram, assim como diversas redes de televisão, com campanhas que geraram milhões de dólares em doações.

O papel desempenhado pelas redes de televisão não se limitou à campanha pelas vítimas. Também foram responsáveis pela criação de uma série de nomes não oficiais para o furacão – desde nomes provocativos até nomes bastante intimidantes. *Snowicane* (furacão de neve) foi um dos nomes, provavelmente criado para indicar as proporções catastróficas da avalanche de neve que acompanharia o Sandy. *Frankenstorm* (junção de Frankenstein e *storm*, "tempestade", em inglês) foi outro nome, em referência à proximidade do dia das bruxas.

Embora não tenhamos provas de que batizar um furacão com um nome não oficial aterrador aumente o número de doações após a catástrofe, existem provas de que o nome "oficial" dado aos furacões pode influenciar diretamente na decisão de doar de certos indivíduos. Essas provas, além de surpreendentes, podem nos ajudar a compreender como uma pequena mudança de palavra pode produzir uma grande diferença em termos de persuasão.

O professor de psicologia Jesse Chandler chamou a atenção para uma fascinante descoberta numa análise de doações feitas em campanhas de arrecadação de fundos após desastres com furacões. Por incrível que pareça, as pessoas são mais propensas a doar se o nome do furacão começar com a mesma letra de seu nome. Chandler descobriu, por exemplo, que as pessoas cujo nome começava com a letra R, como Robert ou Rosemary, tinham 260% a mais de chance de doar para a campanha do furacão Rita do que as pessoas cujo nome não começava com R. O mesmo aconteceu com o furacão Katrina. Os indivíduos cujo nome começava com K se sentiam mais motivados a fazer doações para ajudar a atenuar os danos causados pelo Katrina. Num estudo retrospectivo, Chandler verificou o surgimento de um padrão, com números desproporcionais de doações feitas por pessoas cujo nome tinha a mesma inicial do nome do furacão.

No livro *Drunk Tank Pink*, Adam Alter defende uma ideia digna de nota. Se as pessoas são mais propensas a doar para campanhas de apoio às vítimas de furacões no caso de seu nome começar com a mesma letra que o nome do furacão, a entidade responsável por batizar os furacões, a Organização Meteorológica Mundial, tem o poder de aumentar as doações simplesmente batizando os furacões com os nomes mais comuns. Devido aos recentes avanços na área de previsão meteorológica, já é possível identificar as regiões que serão atingidas por tempestades, verificar o registro eleitoral dessas localidades e escolher o nome mais propício para o furacão, de acordo com o nome dos habitantes.

Em princípio, insights como esses parecem meras curiosidades estudadas por cientistas malucos na tentativa de impressionar o público ou ser assunto de discussão no próximo jantar entre amigos. Mas ignorar tais descobertas seria desprezar uma característica fundamental e poderosa da psicologia humana. Verdade seja dita, nosso nome é importante para nós.

Você há de se lembrar de alguma vez em que estava tão envolvido na conversa com um amigo, seja na vida profissional ou pessoal, que se distraiu de tudo à sua volta. Ao ouvir seu nome sendo mencionado no outro lado da sala, porém, sua atenção é desviada. É quase como se você possuísse uma antena invisível o tempo todo ligada no ambiente, pronta para sintonizar qualquer menção ao seu nome. Esse é um fenômeno tão prevalente que os psicólogos até têm um nome para ele: efeito coquetel.

Se você precisar de mais provas em relação à importância de nosso nome, sugerimos que faça a seguinte experiência na próxima vez que estiver reunido com um grupo de amigos. Peça para todos os presentes escreverem numa folha de papel em branco suas cinco letras favoritas. Se seus amigos forem como os participantes dos estudos realizados, você perceberá uma misteriosa semelhança entre as letras escolhidas e o nome deles, principalmente as iniciais.

Mas como esses insights podem nos ajudar a influenciar os outros?

Levando em consideração que boa parte de qualquer estratégia de persuasão é atrair a atenção do outro, se quisermos influenciar alguém, devemos mencionar seu nome com mais frequência, ou, pelo menos, mostrar que nossa mensagem tem alguma ligação com o nome da pessoa. Por exemplo, num experimento que conduzimos em parceria com uma equipe de médicos britânicos, verificamos que incluir o primeiro nome do paciente num SMS lembrando o dia e horário da consulta reduziu em 57% o índice de não comparecimento. Curiosamente, incluir o nome inteiro (John Smith, por exemplo) ou uma saudação mais formal (Sr. Smith) não fez diferença alguma. Só quando o *primeiro nome do paciente foi usado é que houve algum resultado.*

SMALL BIGS como esse estão sendo utilizados não somente para reduzir os problemas causados pelo não comparecimento a consultas médicas, mas para persuadir as pessoas a pagar as multas que devem. Um estudo realizado pelo Behavioural Insights Team – tropa de elite da ciência comportamental, que originalmente trabalhava no governo britânico e atualmente no âmbito comercial – revelou que enviar uma mensagem de texto com o nome do infrator e a importância devida aumentou as taxas de resposta em quase 50% (de 23% para 33%), em comparação com a mesma mensagem sem nome.

A natureza chamativa de um nome também pode ser útil para os responsáveis por angariar apoio a novas iniciativas empresariais e programas de trabalho. Na hora de batizar um novo projeto, talvez você se veja tentado a considerar um nome ambíguo e misterioso, na esperança de que provoque interesse e atraia a atenção das pessoas, mobilizando-as indiretamente. Os estudos sobre os furacões, contudo, sugerem uma abordagem alternativa. Em vez de tentar evocar as paixões e emoções de seus colaboradores vinculando sua iniciativa a algum tipo de pássaro mitológico que renasce das próprias cinzas, você provavelmente receberá mais apoio se verificar a lista de pessoas que trabalham nos departamentos responsáveis pela implementação do projeto e escolher um nome comum nesses grupos, ou pelo menos ver a inicial mais comum dentre os nomes e utilizá-la como base para batizar seu projeto. Executivos de vendas da indústria farmacêutica poderiam listar os nomes dos médicos que receitam muitos remédios, observando que, ao lançar seu próximo sucesso comercial, visitar o dr. Dorival logo no início do lançamento do Dorsem pode ser uma medida inteligente.

Tais medidas podem ser os *SMALL BIGS* que transformarão suas atividades *rebatizadas* em atividades *revolucionárias*.

CAPÍTULO 6

Que PEQUENOS passos podem gerar GRANDES saltos na hora de desenvolver relacionamentos, parcerias e trabalho em equipe?

As empresas raramente ficam paradas, e quando a mudança acontece, muitas vezes é na velocidade da luz, trazendo desafios inesperados. No caso de uma aquisição repentina, o concorrente de ontem passa a ser o colega de hoje. Uma mudança no modelo de negócios pode fazer com que um antigo rival se torne o parceiro perfeito. Uma reestruturação empresarial pode provocar a fusão de departamentos antes desconexos.

Casamentos como esses podem ser complicados, mesmo em condições favoráveis. Imagine no caso em que os envolvidos fizeram um grande esforço para se diferenciar do adversário com o qual agora se associam. Num casamento entre concorrentes, que pequenos passos podemos dar para motivar as pessoas a aceitarem antigos rivais como parte da nova família, trabalhando em equipe com os novos colegas?

Uma possível resposta vem de um grupo de indivíduos famosos pela rivalidade e ardor com que defendem seu time: os fãs de esporte.

A rivalidade e a competitividade são elementos naturais no esporte. É algo inerente a quase todo torcedor, sobretudo em relação aos principais adversários. Por exemplo: Yankees e Red Sox; Celtics e Lakers; Barcelona e Real Madrid; Chicago Bears e Green Bay Packers.

A rivalidade é tão grande que é difícil imaginar esses rivais dispostos a colaborar um com o outro, seja no que for. Mas a maravilhosa pesquisa conduzida pelo psicólogo americano Mark Levine revela que, mesmo nos casos mais extremos, existem coisas que nos unem, em vez de nos separar.

Levine pediu a um grupo de torcedores ingleses de futebol (por acaso, torcedores fanáticos do Manchester United) para responder a um questionário que perguntava o que eles gostavam em seu time. Em seguida, os participantes deviam se encaminhar a outro edifício no campus universitário, para a próxima etapa do estudo. No caminho, os torcedores do Manchester viam um corredor (que fazia parte do estudo) tropeçando e se machucando. Algumas vezes o corredor usava uma camiseta branca lisa, outras, uma camiseta do Manchester United, e, num terceiro caso, muito bravamente, a camiseta do seu maior rival, o Liverpool.

Observadores estrategicamente posicionados, pranchetas a postos, contariam quantos torcedores parariam para ajudar. Constatamos que, se você for correr e tiver o infortúnio de se machucar, a camiseta que você está usando pode fazer uma grande diferença na hora de receber auxílio. No estudo, cerca de um terço dos torcedores do Manchester United pararam para ajudar quando o corredor machucado estava de camisa branca. Como você já deve ter adivinhado, ao verem que o sujeito era um dos seus, porque vestia a camiseta de seu time, quase todos ajudaram.

Mas o que aconteceu quando o corredor estava com a camiseta do Liverpool? Pouquíssimos torcedores pararam, confirmando nossa tendência de ajudar, mais que nada, aqueles que fazem parte de nosso grupo mais próximo.

Felizmente, uma pequena mudança nas circunstâncias pode criar uma grande abertura em termos de auxílio e acolhimento de pessoas inicialmente consideradas de fora. Na repetição do estudo, Levine perguntou aos torcedores do Manchester por que gostavam de futebol em geral – não de seu time especificamente – e o resultado foi que quase o dobro parou para ajudar o sujeito com a camiseta do time rival.

Portanto, a conclusão desse *SMALL BIG* é que, para desenvolvermos um trabalho em equipe, precisamos nos concentrar nas identidades comuns do grupo. Ou seja, gestores e líderes que queiram criar um ambiente de colaboração e apoio entre as equipes devem focar nos pontos em comum entre as equipes, no que as une, não no que as diferencia.

Mas existe uma forma de maximizar o impacto favorável das semelhanças? Sim.

Adam Grant, professor da Wharton School e autor do aclamado best-seller *Dar e Receber*, sugere uma solução que requer uma mudança simples no *tipo* de similaridade a que direcionamos nossos esforços.

Em vez de pedir para as pessoas se concentrarem nas similaridades comuns que existem em relação aos novos colegas, novas equipes e novos membros, Grant aconselha que os indivíduos identifiquem e realcem as similaridades *incomuns*, isto é, os pontos em comum que são raros em outros grupos. Identificar essas similaridades incomuns – principalmente no início do processo de desenvolvimento do relacionamento – tem o poder de satisfazer o desejo de pertencer e, ao mesmo tempo, o desejo de se destacar (nesse caso, de grupos concorrentes).

Uma maneira de os gestores identificarem essas similaridades incomuns é pedir que os integrantes da equipe preencham um formulário do tipo "Conhecendo mais sobre você" antes de realizar qualquer trabalho oficial. Note que seria um erro fazer perguntas como "Qual seu programa de TV favorito?" ou "Para que lugar você gostaria de viajar?", porque qualquer similaridade identificada deverá ser bastante comum. O melhor seria pedir aos participantes para fazerem listas de cinco, dez itens. No caso dos programas de TV, é bem mais provável que, com listas maiores, as pessoas descubram que seus colegas também gostam daqueles programas desconhecidos, com baixo índice de audiência, de que elas gostam.

Seja no caso de uma simples reestruturação departamental ou uma fusão entre dois gigantes da indústria, a poeira de uma grande mudança leva tempo para baixar. O ato de incentivar os integrantes de equipes recém-formadas a buscar exemplos de similaridades incomuns, apesar de pequeno, pode representar um grande passo rumo ao desenvolvimento da colaboração e da parceria.

CAPÍTULO 7

Que SMALL BIG pode nos ajudar a crescer com a experiência?

*T*he Newlywed Game é um programa de televisão americano em que os participantes recém-casados respondem a perguntas cada vez mais reveladoras sobre o cônjuge para demonstrar o quanto se conhecem (ou não). Considerando que o programa foi ao ar pela primeira vez em 1966 e, quase cinco décadas depois, continua firme e forte em suas reprises consorciadas, podemos dizer que seus produtores descobriram uma fórmula de sucesso².

A capacidade de prever as preferências, desejos e necessidades dos outros não é uma habilidade restrita ao âmbito dos programas de TV como o *Newlywed Game*, podendo fazer parte de qualquer estratégia de influência. Às vezes é um desafio, principalmente nos estágios iniciais de um relacionamento, quando sabemos pouco a respeito dos gostos e preferências de nosso público-alvo. Felizmente, qualquer preocupação que tenhamos em relação à falta de conhecimento dos

---

²Um comentário à parte: um de nossos momentos favoritos de todos os programas foi quando o apresentador pediu para as esposas adivinharem o que o marido respondeu à seguinte pergunta: "Qual o lugar mais estranho em que você já desejou fazer amor?". A resposta do marido: "No carro". A resposta da mulher? "No ânus!". Não precisa nem dizer que essa parte não foi ao ar, mas certamente está na lista das maiores gafes televisas de todos os tempos.

novos clientes será compensada pela sensação de que conhecemos bem os clientes antigos, pessoas com as quais nos relacionamos e trabalhamos há um tempo. E uma das maiores vantagens de desenvolver relacionamentos de longo prazo, mantendo contato regular com as pessoas, é que, aos poucos, fica mais fácil adivinhar suas necessidades e preferências.

Mas nem sempre é assim. Mesmo em situações em que conhecemos a pessoa por muito tempo e nos julgamos capazes de prever seus gostos, necessidades e preferências, às vezes nos equivocamos. Aliás, existem evidências de que quanto maior o tempo que conhecemos alguém, menor a probabilidade de que consigamos adivinhar suas preferências.

Numa série de estudos realizados pelos cientistas comportamentais Benjamin Scheibehenne, Jutta Mata e Peter Todd, os participantes receberam a incumbência de classificar 118 itens diferentes numa escala de 1 (não gosto nem um pouco) a 4 (gosto muito). Além disso, deveriam adivinhar as respostas de uma pessoa próxima. Alguns participantes responderam sobre alguém que conheciam há relativamente pouco tempo (dois anos, em média) e outros, sobre alguém que conheciam há muito mais tempo (mais de dez anos).

A escala de 4 pontos usada pelos pesquisadores é uma parte importante do estudo, porque significa que qualquer um tem a chance de acertar 25% das respostas, mesmo sem saber nada sobre a outra pessoa. Felizmente, os participantes de ambos os grupos foram capazes de adivinhar as preferências de alguém que conheciam melhor do que uma pessoa desconhecida.

Mas... não *tão* melhor assim.

Quem respondeu sobre as preferências de alguém que conhecia há mais ou menos dois anos acertou 42% das questões. Quem respondeu sobre as preferências de alguém que conhecia há mais de dez anos, por incrível que pareça, não foi tão bem, acertando somente 36% das questões.

O resultado mais surpreendente, porém, talvez seja a falta de autoconhecimento em relação ao que julgamos saber sobre os outros. Em testes preliminares conduzidos pelos pesquisadores, os participantes dos dois grupos acreditavam que seriam capazes de acertar pelo menos 60% das questões. Evidentemente, a pergunta a fazer nesse momento é: por quê?

Constatamos que existem diversos motivos para explicar por que um relacionamento de longa data com outra pessoa pode *diminuir* em vez de *aumentar* o conhecimento que temos em relação a seus gostos e preferências. Uma explicação óbvia refere-se ao fato de que boa parte de nossa troca de informações pessoais com os outros ocorre nos estágios iniciais do relacionamento, quando a motivação de conhecer um ao outro é bastante forte. Com o passar do tempo, a motivação também passa, de modo que a troca de novas informações se dá mais esporadicamente. Assim, algumas mudanças nas circunstâncias e situações da vida do outro podem passar despercebidas.

Outra possível explicação de por que pessoas em relacionamentos duradouros às vezes não conseguem adivinhar as preferências do outro é que essas pessoas, de um modo geral, consideram-se mais comprometidas uma com a outra em virtude do tempo investido no relacionamento. Consequentemente, acham que se conhecem melhor do que na verdade se conhecem e, portanto, tornam-se menos aptas a reconhecer mudanças de atitude e preferências, sobretudo as que ocorrem de maneira lenta ou sutil.

Além disso, existem evidências, em alguns casos, de que indivíduos que desenvolveram relacionamentos de longo prazo podem se ver tentados a contar mentiras inofensivas ou evitar conversas francas para proteger o relacionamento, o que é compreensível. No entanto, essas estratégias de proteção do relacionamento podem acabar gerando falta de conhecimento em relação ao outro, prejudicando a relação. Portanto, embora nos tornemos mais sábios em alguns aspectos à medida que envelhecemos, tal sabedoria não se estende necessariamente aos relacionamentos, a menos que instauremos um processo para assegurar a troca contínua de informações sobre os gostos e preferências um do outro. Eis uma medida sensata e saudável.

Essa abordagem também pode ajudar no mundo dos negócios. Imagine alguém que trabalha na função de desenvolvimento comercial, vendendo serviços da empresa para gerentes. Imagine também um gerente de conta trabalhando numa agência de serviços. Em ambos os casos, é provável que os indivíduos que ocupam esses cargos já tenham investido bastante tempo e energia no desenvolvimento de relacionamentos lucrativos com os clientes. Além disso, as pessoas que trabalham nesse tipo de função geralmente preferem ser o único ponto de contato de sua clientela. Afinal, eles sabem mais.

Mas, segundo a pesquisa, convidar um colega que conhece menos o cliente em algumas ocasiões pode acabar revelando grandes oportunidades, porque esse colega talvez faça perguntas novas que o executivo ou gerente experiente não teria como perguntar sem perder credibilidade, pois já deveria saber as respostas.

Da mesma maneira, os departamentos de treinamento em organizações centradas no cliente podem colocar os novos colaboradores para trabalhar não só com os *melhores* colaboradores da companhia, mas também com quem está lá *há mais tempo*, atingindo dois objetivos. O novo colaborador ganhará experiência na interação com os clientes, e o antigo colaborador obterá novas informações de clientes que talvez conheça há anos. O SMALL BIG é que, tanto no relacionamento com um antigo cliente quanto na relação com um antigo parceiro de negócios, a importância da troca constante de novas informações e das atualizações informais é indispensável.

CAPÍTULO 8

Que *SMALL BIGS* podem nos persuadir a cumprir compromissos?

"**D**eixe-me ver", diz a gerente do posto de saúde, com um papel na mão. "No mês passado tivemos 353 e no mês anterior, 309. A média é de 300, mais ou menos. Pode ser um problema mesmo".

Ela estava se referindo ao número de não comparecimentos em consultas – pessoas que marcam uma consulta e não vão. Acontece que o problema do não comparecimento não se restringe aos postos de saúde das áreas pobres dos centros das cidades nem à indústria médica como um todo. Conforme mencionado na introdução deste livro, milhões de reuniões de negócios, reservas em restaurantes, apresentações de venda, aulas particulares e horários no cabeleireiro são cancelados todo ano. Num nível micro, uma reserva de restaurante cancelada não parece grande coisa – poderíamos dizer que é "café pequeno". Mas este livro aborda justamente como pequenas coisas podem fazer uma grande diferença, e, no caso dos compromissos não honrados, a perda financeira pode chegar a níveis astronômicos. Na introdução, comentamos também que os economistas do Reino Unido estimaram um prejuízo de aproximadamente £ 800 milhões por ano (mais de US$1 bilhão) referente ao não comparecimento em consultas médicas – dinheiro que vai pelo ralo simplesmente porque as pessoas deixam de cumprir seus compromissos.

Também na introdução afirmamos que existem formas de persuadir as pessoas a cumprir compromissos, com pequenas mudanças de abordagem que produzem grandes resultados, sem nenhum custo.

Um dos princípios fundamentais da influência social gira em torno da relação entre compromisso e coerência. Esse princípio refere-se à motivação entranhada que a maioria de nós tem de agir de maneira coerente com os compromissos assumidos, sobretudo os compromissos ativos, os que requerem esforço da nossa parte e os que se tornam públicos.

Para dar um exemplo, alguns pesquisadores disfarçados de banhistas fizeram uma experiência na praia. Eles chegavam, estendiam uma toalha na areia e iam dar um mergulho no mar, deixando um rádio ligado ao lado de outro banhista, que tomava sol perto deles. Numa primeira situação, um dos pesquisadores pedia aos banhistas (objeto de estudo) para dar uma olhada no rádio. A maioria assumia o compromisso. "Pode deixar", diziam gentilmente. Num segundo cenário, o pesquisador simplesmente ia dar um mergulho sem pedir nada a ninguém. Aí começava a verdadeira experiência. Outro pesquisador, no papel de ladrão oportunista, passava e levava o rádio. O pequeno ato de pedir para assumir um compromisso fez uma grande diferença na reação dos banhistas. Apenas quatro de 20 banhistas que não se comprometeram a olhar o rádio tentaram fazer algo. Em contrapartida, 19 dos 20 banhistas que se comprometeram a vigiar as coisas foram atrás do bandido. Por quê? Porque tinham assumido um compromisso verbal, e perseguir o ladrão era coerente com esse compromisso.

Se uma pequena mudança como pedir para assumir um compromisso verbal pode ser usado para reduzir drasticamente o roubo nas praias, será que uma estratégia semelhante pode ser utilizada para reduzir o índice de não comparecimento em consultas médicas?

Numa tentativa de responder a essa pergunta, conduzimos uma série de experimentos em três consultórios médicos muito movimentados, em que os pacientes, logo após serem informados da data e horário da consulta numa chamada telefônica padrão, eram solicitados a repetir os detalhes do compromisso antes de desligarem. Essa pequena mudança gerou um resultado aparentemente modesto, com uma redução de apenas 3% no índice de não comparecimento – uma diferença pequena até considerarmos dois fatores importantes: (1) a estratégia não teve nenhum custo de implementação, com um acréscimo de apenas dois segundos ao tempo da chamada; (2) embora uma redução de 3% não pareça grandes coisas, tudo depende da escala. Uma redução de 3% aplicada a um problema de US$ 1 bilhão representaria uma economia de US$ 30 milhões.

A conclusão da pesquisa é clara. No ritmo agitado de nossa vida atual, estamos em constante interação com as pessoas. Se não buscarmos algum tipo de compromisso verbal em nossas conversas diárias, mesmo que seja para obter resultados aparentemente modestos, estaremos desperdiçando tempo. Por exemplo, um gerente pode conseguir maior compromisso da equipe se seus integrantes verbalizarem no final da reunião o que ficou combinado. Os pais podem reduzir o tempo de negociação com os filhos sobre a hora de ir para a cama se buscarem um compromisso verbal antes de permitir que joguem mais um jogo ou assistam a mais um programa de TV.

O interessante é que muitas vezes esses compromissos verbais nem precisam ser explícitos. Por exemplo, um gerente de desenvolvimento de negócios que queira persuadir um possível cliente a comparecer a uma reunião com um palestrante do setor pode aumentar suas chances de persuasão pedindo à pessoa para enviar uma pergunta para a sessão de perguntas e respostas. Esse pequeno gesto pode funcionar como um pequeno compromisso, aumentando a probabilidade de comparecimento.

Todos esses são exemplos de que um simples compromisso verbal pode ser um *SMALL BIG* sem custo capaz de aumentar nossas chances de influenciar os outros. Mas será que existe uma forma melhor de assegurar que as pessoas cumpram seus compromissos? Existe, e para compreender o que é, devemos voltar ao consultório médico.

Uma estratégia comum que vimos todos os postos de saúde de nosso estudo utilizarem é fornecer um cartão com o horário e a data da próxima consulta, escritos pela recepcionista. Duvidamos da eficácia desse método, pois, segundo o princípio da coerência, as pessoas se sentem mais motivadas a cumprir compromissos que elas mesmas assumem.

Resolvemos, portanto, testar o impacto de outra pequena mudança – uma que envolvesse o paciente de forma ativa no ato de assumir compromisso. Que pequena mudança foi essa? A recepcionista pedia para o *próprio* paciente escrever a data e o horário da próxima consulta no cartão. Após quatro meses de testes, verificamos uma redução de 18% no índice de não comparecimento. Um SMALL BIG que, dependendo da escala, poderia representar uma economia não de US$ 30 milhões, mas de US$ 180 milhões. Tudo sem gastar um centavo.

Esse insight adicional da área médica evidencia outra armadilha comum, mas ignorada, em que caímos com frequência: querer fazer tudo sozinho para garantir que as coisas serão feitas. Um vendedor, por exemplo, pode sair de uma reunião cheio de coisas para fazer, enquanto seu cliente não tem que fazer quase nada (ou nada). Nesse caso, o vendedor estará muito mais comprometido no processo de venda do que o cliente. Um personal trainer acredita que escrever as séries para seu cliente é um sinal de atenção, cuidado e profissionalismo, ignorando que talvez seu cliente se sinta menos comprometido assim.

E nos casos em que seria absurdo esperar que o cliente assuma compromisso de maneira ativa? E o que dizer daquelas reuniões com muitas pessoas, em que seria insensato dividir responsabilidades ou injusto nomear uma única pessoa para se encarregar de tudo? Em situações como essas, o melhor a fazer é escrever todas as ações e enviá-las você mesmo, com uma pequena observação crucial na parte de cima do e-mail. Um bom começo é pedir aos destinatários para responderem com um simples "sim", confirmando que as anotações enviadas refletem fielmente o que ficou acordado como próximos passos.

Mesmo assim, algumas vezes, por mais que nos esforcemos, nossas tentativas de persuasão não dão certo. Nesses casos, que outras pequenas mudanças relacionadas ao princípio de compromisso e coerência podemos adotar?

CAPÍTULO 9

Que SMALL BIG pode nos ajudar a influenciar os outros de maneira sistemática?

Os leitores de nosso livro anterior (atualmente mais de 500 mil), *Sim! 50 Segredos da Ciência da Persuasão*, deverão se lembrar da série de estudos que dois de nós realizamos com nosso colega Vladas Griskevicius. Os estudos consistiam em comprovar que uma pequena mudança no texto do cartão que os hotéis usam para convencer os hóspedes a reutilizar a toalha pode fazer uma grande diferença no resultado. (Para os leitores que não conhecem o estudo, o índice de reutilização de tolhas aumentou em 26% quando mudamos as palavras no cartão, informando que a maioria dos hóspedes anteriores reutilizou sua toalha).

Como esses cartõezinhos são familiares a milhões de pessoas, nossos estudos provocaram bastante debate em workshops e palestras. Alguém quis saber, por exemplo, que outras estratégias os gerentes de hotel poderiam empregar para persuadir os hóspedes a reutilizar suas toalhas e roupa de cama. Será que solicitar às pessoas que assumam um pequeno compromisso antes de se dirigir ao quarto pode aumentar a probabilidade de que se comportem de maneira ecologicamente correta?

Descobrimos que outra equipe de cientistas da persuasão testou exatamente essa ideia, verificando que solicitar aos hóspedes que assumam um pequeno compromisso no momento do check-in pode fazer uma grande diferença, não só em relação a toalhas e roupas de cama, mas a outras atitudes benéficas.

Durante um mês, a pesquisadora Katie Baca-Motes e seus colegas fizeram uma experiência num hotel popular da Califórnia, onde os hóspedes, no momento do check-in, eram solicitados a assumir um compromisso de proteção ambiental. Em alguns casos, o compromisso era genérico (assinalar no formulário de reserva a disposição de atentar para o cuidado com o meio ambiente durante a estadia); em outros, o compromisso era mais específico (assinalar no formulário de reserva a disposição de reutilizar a tolha durante a estadia).

Além do compromisso, genérico ou específico, alguns hóspedes receberam um broche dos "Amigos da Terra". Para efeito de comparação, os broches também foram entregues a alguns hóspedes que não assumiram nenhum compromisso.

Por fim, outro grupo de controle realizou o check-in normalmente, sem assumir nenhum compromisso nem receber nenhum broche.

O que aconteceu?

O primeiro ponto identificado pelo estudo foi a porcentagem de hóspedes dispostos a assumir o compromisso. O número foi bastante alto. Cerca de 98% dos hóspedes do primeiro grupo assumiram o compromisso genérico, e, apesar de o número de hóspedes dispostos a assumir o compromisso específico tenha sido menor, ainda foi um número bem representativo: 83%. Portanto, numa primeira análise, concluímos que teremos mais chance de persuadir alguém a assumir um compromisso se o compromisso for genérico, não específico.

Evidentemente, isso nos leva a outra questão. Que compromissos têm a maior probabilidade de serem cumpridos: os genéricos ou os específicos?

Os pesquisadores descobriram que os hóspedes que assumiram o compromisso específico no momento do check-in foram mais fiéis à reutilização das toalhas do que os que assumiram o compromisso genérico (66% x 61%). O mais interessante, talvez, é que os hóspedes que assumiram o compromisso específico de reutilizar as toalhas demonstraram outros comportamentos de consciência ambiental condizentes com o compromisso inicial. Por exemplo, desligar a luz, o ar-condicionado ou a TV ao sair do quarto. Uma descoberta contrária à lógica, afinal, era de se esperar que uma pessoa que assume o compromisso geral de atentar para o cuidado com o meio ambiente fosse mais consciente em termos ecológicos do que aquelas que só se comprometeram a reutilizar toalhas.

Qual o SMALL BIG aqui? Quem quiser persuadir alguém a fazer mudanças de comportamento relacionadas poderá maximizar os resultados valendo-se de um método de dois passos: (1) assegurar que o compromisso inicial seja específico; (2) garantir que o ambiente propicie outros comportamentos *relacionados* desejáveis, condizentes com o compromisso específico inicial.

Vejamos um exemplo. Imagine que, como gerente de um escritório, você tenha o desafio não só de incentivar a reciclagem, mas de reduzir os custos gerais de energia. Conforme estudado, você deve primeiro pedir aos colaboradores que assumam um compromisso específico com um determinado comportamento (digamos, jogar papel no lixo reciclável ao deixar o escritório) e depois criar um contexto que propicie comportamentos relacionados em prol da redução de energia (por exemplo, colocar as latas de lixo reciclável perto dos interruptores). Tal medida tem o poder de criar "dois resultados pelo preço de um único pedido", estratégia de influência que pode ser ainda mais eficaz se for colocado um pequeno lembrete ao lado dizendo: "Não se esqueça de seu compromisso com o meio ambiente. Por favor, apague a luz" – um passo extra muito importante, como você verá no próximo capítulo.

Mas antes de seguirmos adiante, vejamos o que aconteceu com os hóspedes que receberam os broches. Como você deve imaginar, quem assumiu o compromisso e recebeu o broche teve ainda mais cuidado em reutilizar as toalhas do que quem só assumiu o compromisso. Esses hóspedes também se mostraram mais conscientes do ponto de vista ambiental durante sua estadia no hotel, indicando que os broches serviram a dois propósitos: como lembrete pessoal e como um sinal para os outros do compromisso assumido. O impacto dessa pequena medida (a entrega de um broche) nos faz concluir que não bastam as instituições beneficentes incentivarem as pessoas a doarem para uma causa. É fundamental que exibam algum tipo de sinal – por exemplo, um broche de lapela, cartões ou um adesivo – que indique seu compromisso.

Mas e os hóspedes que receberam o broche *sem* terem assumido nenhum compromisso? Foram os que menos reutilizaram as toalhas – menos até do que os que nem participaram do estudo.

Esse resultado condiz com pesquisas anteriores que comprovaram que a maior probabilidade de uma pessoa cumprir um compromisso é se ela tomar a decisão *espontânea* de assumi-lo. No caso dos hóspedes que receberam o broche na lapela, não houve espontaneidade alguma. Muito pelo contrário.

Na realidade, existem dois outros aspectos cruciais para o cumprimento de um compromisso: a praticidade e a exposição. Quando o recepcionista do hotel coloca o broche nos hóspedes, está tirando a possibilidade de que os hóspedes façam isso por conta própria, eliminando qualquer elemento de escolha em relação a assumir publicamente um compromisso. Foi esse erro duplo que levou aos resultados desastrosos apresentados.

Evidentemente, uma empresa não desejará influenciar somente as pessoas de fora, como os clientes. Alguns desafios, invariavelmente, estarão relacionados à persuasão do pessoal interno – colaboradores e parceiros – em termos de mudança de comportamento.

Esse foi o caso do hotel do estudo, cujos colaboradores trocaram as toalhas mesmo quando os hóspedes indicaram que desejavam reutilizá-las. Talvez a melhor estratégia para persuadir os colaboradores do hotel a trocar as toalhas somente se necessário seja a mesma utilizada para persuadir os hóspedes a reutilizarem as toalhas: o gerente deve primeiro conseguir que os camareiros assumam um pequeno compromisso, perguntando, por exemplo, se consideram importante satisfazer os desejos dos clientes. Em seguida, o gerente encaminha a conversa no sentido de explicar que uma boa forma de demonstrar que estão ouvindo seria pendurar as toalhas usadas de volta quando os clientes disserem que querem reutilizá-las. É claro que o gerente não deve obrigar sua equipe a usar broches com a frase "Nós escutamos nossos clientes", mas dar a chance que proponham essa ideia.

Quem sabe eles até apaguem a luz quando saírem.

CAPÍTULO 10

Que SMALL BIG pode assegurar que o tiro da influência não saia pela culatra?

Você faz o máximo para reciclar quando pode, não? Talvez a empresa em que você trabalha tenha uma política ambiental que incentive os colaboradores a usarem menos papel, reciclando sempre que possível. Sua empresa não seria a única. Um número cada vez maior de organizações e comunidades tem reconhecido os benefícios da reciclagem como forma de conservar nossos recursos naturais.

Mas será que uma estratégia criada para persuadir as pessoas a reciclar pode acabar se revelando contraproducente, gerando um aumento em vez de diminuição no uso dos recursos? Os pesquisadores da ciência da persuasão acreditam que esse tipo de efeito reverso pode ocorrer em algumas ocasiões, com implicações não só nas políticas ambientais, mas em termos de influência como um todo.

Como a influência raramente acontece fora de um contexto, uma possível implicação de concentrar a atenção num único comportamento é que tal postura pode acabar produzindo comportamentos opostos e inesperados mais tarde. Não faltam exemplos disso na nossa vida. Passar mais dez minutos na esteira para se sentir um pouco mais magro pode fazer que você se sinta no direito de comer um pedaço de bolo no café da manhã. Almoçar salada pode fazer que você se sinta no direito de pedir uma sobremesa ou, no mínimo, pegar o elevador em vez de subir para o escritório de escada.

Os cientistas comportamentais Jesse Catlin e Yiton Wang decidiram investigar se o efeito "autorização" – sentir-se autorizado a relaxar depois de fazer uma ação positiva – ocorre também em relação aos cuidados com o meio ambiente. Por exemplo, será que oferecer a opção de lixo seletivo para incentivar as pessoas a reciclarem e usarem toalhas de papel de maneira mais consciente pode acabar fazendo que utilizem ainda mais recursos do que se não houvesse a opção de reciclagem?

Para responder a essa pergunta, os pesquisadores conceberam dois estudos. No primeiro, os participantes foram informados de que avaliariam uma nova marca de tesoura. Parte do processo de avaliação era classificar a qualidade das tesouras cortando figuras geométricas numa pilha de 200 folhas de papel branco. Metade dos participantes testaram as tesouras numa sala sem lixeira para coleta seletiva, só uma lata de lixo comum. A outra metade fez o teste numa sala em que havia lixeira para lixo reciclável além da lata de lixo comum. Os participantes não receberam nenhuma orientação quanto ao tamanho das figuras geométricas ou à quantidade de papel que deveriam usar. A única instrução foi que jogassem o lixo no local adequado. Em seguida, responderam um questionário sobre "postura ecológica", com perguntas sobre sua posição em relação ao cuidado ambiental.

Os resultados foram surpreendentes. Os participantes que testaram as tesouras na sala com opção de lixo seletivo utilizaram quase três vezes mais papel do que os participantes do outro grupo. Curiosamente, esse aumento no uso dos recursos não tinha nenhuma relação com a "postura ecológica" dos participantes, conforme constatamos posteriormente.

Esse primeiro estudo, portanto, demonstrou um caso claro de autorização. A presença de lixeiras para lixo reciclável fez que as pessoas acabassem utilizando mais papel, não menos. Uma possível crítica a estudos como esse é que, como são realizados em laboratório, os resultados talvez não reflitam o que acontece na prática. Pois bem. Catlin e Wang resolveram, então, sair do ambiente universitário e realizar o estudo... num banheiro masculino!

Antes de dar início à experiência, os pesquisadores verificaram a quantidade de tolhas de papel utilizadas num período de 15 dias, calculando a média diária. Em seguida, colocaram uma enorme lixeira de lixo reciclável perto da pia, com um cartaz informando que o local estava participando de um programa de reciclagem e que todas as toalhas de papel jogadas naquela lixeira seriam recicladas. Nos 15 dias seguintes, verificaram novamente a quantidade de tolhas utilizadas.

Em consonância com os estudos laboratoriais, o uso de toalhas de papel aumentou em cerca de meio papel por pessoa. Em princípio, esse pequeno aumento não parece grande coisa. Mas, se considerarmos que o banheiro é utilizado mais de cem vezes por dia, a diferença é substancial: 12.500 toalhas de papel por ano, em um único banheiro. A opção de lixo seletivo aumentou, em vez de diminuir, o uso de recursos. E aumentou muito!

Por que será? Uma explicação possível é a culpa. Ou seja, o indivíduo que se sente culpado de usar algo e depois jogar fora consegue atenuar esse sentimento com a ideia de reciclagem. Se as toalhas serão recicladas, não há por que se sentir mal em usá-las.

Talvez a opção de reciclagem sirva como justificativa. "Qual o problema de usar um pouco mais se as tolhas vão ser recicladas?"

Independentemente do mecanismo psicológico de autorização em jogo, uma implicação dessa experiência é clara. Se quisermos incentivar comportamentos de consciência ambiental, oferecer opções que propiciem esses comportamentos, embora crucial, não é suficiente – sobretudo em situações nas quais a pessoa não gasta nada ou gasta muito pouco para utilizar o recurso em questão. Foi o caso das toalhas de papel e pode ser o caso no ambiente de trabalho.

Aqui vai um exemplo para ilustrar o que estamos dizendo. Imagine, por alguns segundos, que você teve a "sorte" de ser convocado como voluntário para a nova "Campanha Ecológica" de sua empresa, e seu desafio agora é persuadir seus companheiros de trabalho a utilizar menos papel, reciclar o papel utilizado e adotar outras práticas de responsabilidade ambiental, como apagar as luzes ao sair do escritório. Imagine também que a empresa já providenciou para que haja a opção de lixo seletivo, com lixeiras estrategicamente localizadas nas salas, prevendo também a instalação de lâmpadas econômicas em todo o edifício. Sabendo que essas medidas, embora essenciais, podem acabar tendo um efeito inverso, fazendo que seus colegas se sintam autorizados a utilizar mais recursos em vez de menos, você se vê na obrigação de tomar algumas providências para mitigar qualquer possibilidade de autorização. Que providências são essas?

Bem, a primeira providência pode ser colocar um cartaz nos pontos de reciclagem e interruptores, informando que, embora a reciclagem seja algo benéfico para o meio ambiente, economizar recursos é mais benéfico ainda. Tal medida está respaldada por recentes pesquisas, que revelaram que as pessoas, de um modo geral, sabem dos benefícios da reciclagem, mas não de seu custo.

Outra ideia seria aproveitar o insight do princípio de compromisso e coerência e enfatizar os compromissos que os indivíduos assumiram previamente em relação à proteção ambiental. Melhor ainda, você pode conseguir que as pessoas assumam pequenos compromissos antes de dar início ao programa. No Capítulo 9, vimos que um pequeno compromisso firmado no momento de fazer o check-in num hotel gerou um aumento no índice de reutilização de tolhas e roupas de cama, além de atitudes mais conscientes do ponto de vista ambiental, como apagar a luz e a TV ao sair do quarto. Eis um exemplo de um efeito cascata positivo.

Uma lei fundamental dos programas de mudança de comportamento é "facilitar a mudança para as pessoas". Os estudos que apresentamos incluem uma advertência: oferecer meios para facilitar a mudança, embora crucial, não é suficiente. O especialista em persuasão considerará também os possíveis efeitos de autorização, tomando medidas para eliminá-los, de modo a ser bem-sucedido em sua estratégia.

CAPÍTULO 11

Que SMALL BIG devemos acrescentar à receita de produtividade dos colaboradores?*

*Tempo de preparo: cinco minutos.

Incentivar os colaboradores a serem produtivos pode ser um desafio até para os maiores gestores. Felizmente, os líderes possuem uma grande variedade de métodos em sua caixa de ferramentas motivacionais. Por exemplo: uma das formas mais comuns de aumentar a motivação no trabalho é pagar *mais* para quem for produtivo. Outra forma de levantar o moral dos trabalhadores é incluí-los num programa de participação nos lucros. Ou talvez os gestores podem reconhecer o trabalho dos melhores colaboradores oferecendo recompensas cobiçadas, como iPhones, dias de folga ou até a possibilidade de almoçar com o CEO.

Embora potencialmente eficazes, essas táticas também apresentam alguns aspectos negativos. Por exemplo: os incentivos financeiros, muitas vezes, passam a configurar novos pontos de referência para o futuro. Um colaborador que recebeu um incentivo financeiro por uma determinada tarefa provavelmente esperará receber outros incentivos, perdendo a motivação se não receber. Outro perigo dos incentivos financeiros é acabar com qualquer motivação intrínseca que a pessoa tenha. Mas o principal inconveniente desse tipo de incentivo é o simples fato de que sua implementação não é barata.

As pesquisas no campo da ciência comportamental indicam, porém, que um único ingrediente acrescentado à receita de produtividade pode melhorar consideravelmente o resultado, sem custo algum. E mais: essa pequena mudança não leva mais do que cinco minutos.

Você se lembra de Adam Grant, professor da Wharton School que mencionamos no Capítulo 6? Segundo Grant, as pessoas não manifestam seu potencial por um único motivo: elas não veem mais sentido e propósito em seu trabalho. Grant concluiu que, se as pessoas forem lembradas da importância de sua função, elas vão se sentir mais motivadas, aumentando sua produtividade.

Para testar essa ideia, ele resolveu fazer uma experiência na central de atendimento de uma universidade, cujos colaboradores tinham a missão de ligar para os ex-alunos e persuadí-los a fazer doações para o fundo de bolsas de estudo da instituição. Inicialmente Grant dividiu aleatoriamente os colaboradores em três grupos. Os do primeiro grupo leram relatos escritos por outros colaboradores com a descrição dos benefícios pessoais desse trabalho, segundo eles. A maioria falou sobre a remuneração e a oportunidade de desenvolvimento das habilidades pessoais. Grant refere-se a esse grupo como a condição do "benefício pessoal".

Outro grupo de colaboradores leu relatos escritos por alunos que se beneficiaram com as atividades de arrecadação de fundos da organização. Algumas pessoas descreveram a enorme ajuda que a bolsa de estudos lhes propiciou, abrindo caminho para a realização de metas e sonhos até então inalcançáveis. Grant refere-se a esse grupo como a condição da "importância da tarefa".

Finalmente, como condição de controle, o último grupo de colaboradores não leu relato algum. Grant mediu o número de promessas de doação, assim como a quantidade de dinheiro arrecadado por todos os colaboradores do call center uma semana antes do estudo e um mês depois.

O que ele descobriu foi simplesmente revelador.

Os colaboradores do grupo de controle e da condição do "benefício pessoal" tiveram quase o mesmo desempenho antes e depois da intervenção, tanto em termos de promessas de doação quanto de dinheiro arrecadado. Os colaboradores da condição da "importância da tarefa", entretanto, conseguiram mais do que o dobro de promessas de doação, passando de nove por semana para 23, em média, além de arrecadarem mais que o dobro: as doações semanais passaram de US$ 1.288 para US$ 3.130.

O que essa abordagem específica tem de tão especial que gerou esse incrível aumento? De acordo com análises posteriores, o aumento deve-se, sobretudo, ao fato de que colaboradores anteriormente desmotivados se sentiram identificados com os relatos comoventes que leram. Incentivados pelos resultados descritos, passaram a fazer mais ligações por hora, falaram com mais pessoas e conseguiram, consequentemente, mais doações.

Essa experiência serve de lição para qualquer pessoa com a incumbência de motivar os outros. Seja numa empresa privada, no setor público ou na área social, praticamente todo trabalho é importante. A pequena mudança que aconselhamos aos gestores é tomar medidas para que seus colaboradores não se esqueçam do propósito de sua função.

Que medidas? Para empresas que ainda não têm o hábito de reunir relatos, depoimentos e histórias de clientes sobre experiências positivas como um colaborador, produto ou serviço, a dica é começar a fazer isso. Para as empresas que já têm esse hábito, talvez exibir os depoimentos em boletins informativos ou quadro de avisos seja outra pequena mudança capaz de gerar um grande impacto. Ou, em vez de deixar ao acaso que os colaboradores leiam os depoimentos, você pode levar os relatos para sua equipe. Assim como Adam Grant, que solicitou ao pessoal da central de atendimento que lesse histórias sobre o possível impacto de seu trabalho, os líderes e supervisores podem começar cada reunião lendo o depoimento de um cliente satisfeito. Levando em consideração os insights sobre estratégias de compromisso discutidos anteriormente, mais poderoso ainda seria pedir que os integrantes da equipe lessem seus relatos favoritos para os colegas, em vez de o gerente ler.

Outra mudança que um líder experiente poderia fazer seria convidar os próprios clientes para contar sua história. Nos dias de hoje, graças à tecnologia como Skype e FaceTime, o cliente nem precisa vir fisicamente à empresa. Os colaboradores de uma empresa localizada em Ames, Iowa, por exemplo, podem ver facilmente o impacto de seu trabalho em clientes, digamos, de Nairóbi, Quênia. Outro insight decorrente do estudo de Adam Grant evidencia as possíveis vantagens desse método: quando os colaboradores do call center tinham a oportunidade de conhecer pessoalmente os alunos que receberam bolsa e ouvir sua história diretamente, sua motivação e produtividade aumentavam consideravelmente.

As aplicações desse *SMALL BIG* são potencialmente ilimitadas. As companhias farmacêuticas, por exemplo, podem reconectar seus representantes de vendas à importância de seu trabalho solicitando que os clientes contem como sua vida melhorou depois de começar a tomar o remédio da empresa. Os assistentes sociais e cuidadores provavelmente se sentiriam mais valorizados se soubessem da diferença que fazem na vida das pessoas.

No final, ao contar sua experiência na central de atendimento, Grant recorda um triste sinal que encontrou em cima da mesa de alguém. No papel, estava escrito: "Trabalhar neste lugar é como se molhar de roupa preta: ninguém repara nos seus sentimentos e realizações". Talvez esta seja a menor mudança que o gerente deve fazer. Basta dizer "bom trabalho" para um colaborador que fez a diferença.

CAPÍTULO 12

Que *SMALL BIGS* evitar na hora de tomar decisões?

Em 1973, Barry Diller, na época diretor de programação do horário nobre da American Broadcasting Company (ABC), bateu o recorde de dinheiro pago pelos direitos de transmissão de um filme, desembolsando US$ 3,3 milhões para exibir *O destino do Poseidon* em rede nacional.

Esse montante sozinho seria suficiente para chocar muita gente (US$ 15,3 milhões hoje em dia), mas o mais assombroso foi que, no momento de assinar o contrato, Diller já sabia que perderia US$ 1 milhão na transação.

O que faria que um executivo sensato, com anos de experiência na indústria televisiva, pagasse mais do que devia, desejava ou precisava? E, em relação às suas próprias negociações, que pequenas mudanças você pode fazer para não cometer um erro desses?

Deixemos a TV da década de 1970 por um instante e transportemo-nos a um ambiente totalmente diferente: as escolas de negócios da atualidade. No primeiro dia de aula, Max Bazerman, professor da Harvard Business School, resolve realizar uma experiência interessante sobre o tema negociação. Tira uma nota de US$ 20 da carteira e a oferece em leilão. Qualquer aluno pode participar do leilão, desde que respeite duas regras: os lances só podem ser dados com aumentos de US$ 1 e o penúltimo licitante, como penalidade, deve pagar a quantidade equivalente ao último lance, sem receber nada em troca. O leilão começa, e os alunos levantam os braços, na esperança de adquirir dinheiro fácil. "O padrão é sempre o mesmo", conta Bazerman. "O leilão começa com força total". Mas aí acontece uma coisa interessante.

Quando os lances chegam na faixa dos US$ 14 – US$ 16, os alunos percebem que não são os únicos a querer aproveitar a barganha. De repente, os braços grudam no corpo e os arrematantes recuam, deixando apenas os dois maiores lances em jogo. Nesse momento, acontece algo *realmente* fascinante. Sem perceber, os dois alunos restantes ficam presos a um novo esquema: em vez de jogar para vencer, passam a jogar *para não perder*.

Um observador de fora conseguiria ver com clareza que os ofertantes devem abandonar o barco para não perder mais dinheiro, antes que a situação saia do controle. Mas eles raramente fazem isso. De acordo com Bazerman, em mais de 200 leilões realizados, só uma vez o jogo terminou com um lance final menor do que US$ 20. Às vezes, a nota de US$ 20 é arrematada por mais de US$ 100. O recorde? Um lance de US$ 204!

Como pode? A explicação é que, durante os leilões de Bazerman, dois elementos de persuasão se juntam para influenciar o comportamento do ofertante. O primeiro é o princípio de compromisso e coerência, a ideia de que no momento em que assumimos um compromisso, mesmo que pequeno, deparamo-nos com a pressão interna e externa de honrar o compromisso assumido. O custo de entrar no leilão de Bazerman (US$ 1) é um compromisso que a maioria das pessoas está disposta a assumir. Não é de se espantar, portanto, que tanta gente levante o braço. O fato de que os lances seguintes só podem ser acrescidos de US$ 1 incita o desejo de coerência dos licitantes. É como se dissessem para si mesmos: "Bom, como já ofertei US$ 1 (ou seja, quase nada), aumentar minha oferta em US$ 1 não faz muita diferença". Mas logo se torna evidente que existem outros participantes, e a competição por um recurso escasso (lembre-se, apenas uma pessoa ficará com a nota de US$ 20) move uma segunda força de persuasão: não tanto o desejo de vencer, mas a necessidade mais premente de não perder.

E isso foi basicamente o que aconteceu com Diller, da ABC. Ciente de que as emissoras concorrentes também tinham interesse em comprar os direitos de exibição do filme, e já tendo investido tempo e recursos para vencer a licitação e manter sua reputação, Diller não tinha outra saída: ofereceu lances cada vez maiores, mesmo sabendo que estava jogando dinheiro fora.

A história de Diller é um exemplo de uma armadilha em que muitos negociadores caem: a "escalada do compromisso", uma situação que não se limita aos indivíduos. Mais ou menos na mesma época em que Diller realizava suas negociações, a Long Island Lighting Company preparou-se para revelar ao público sua usina de energia nuclear de US$ 70 milhões. No entanto, devido a uma série de contratempos nada baratos e mesmo com evidências de inviabilidade econômica da planta, o projeto só foi descontinuado dez anos depois. O prejuízo? US$ 6 bilhões!

Reconhecendo que as escaladas dos compromissos podem produzir resultados negativos e perda de dinheiro/recursos, muitos adotarão estratégias criadas com o intuito de mitigar sua influência. Uma das mais comuns é solicitar que um indivíduo tome a decisão inicial de entrar ou não na negociação e, em seguida, designar outra pessoa para levar adiante a negociação. Por exemplo, uma empresa que deseja adquirir um novo sistema de software pode delegar a responsabilidade de escolha do novo sistema a um tomador de decisões e, depois da decisão, delegar a tarefa de negociar a compra a outra pessoa. A ideia é que, separando as funções do tomador de decisões e do negociador, evitamos possíveis escaladas de compromisso e suas consequentes armadilhas financeiras.

Em teoria, parece uma boa estratégia, mas na prática nem sempre funciona, por um motivo muito simples, apesar de frequentemente ignorado. Embora a estratégia de separar o tomador de decisões e o negociador remova a conexão física entre as duas partes envolvidas, a conexão *psicológica* não é necessariamente removida. O que nos leva a uma questão intrigante: será que o negociador pode acabar se envolvendo com o compromisso do tomador de decisões pelo simples fato de estarem conectados? Em caso afirmativo, o resultado seria semelhante ao de Barry Diller e Max Bazerman?

Com o objetivo de responder a essas perguntas, os cientistas sociais Brian Gunia, Niro Sivanathan e Adam Galinsky conceberam uma série de estudos. Num dos experimentos, pediam aos participantes para ler a história de um vice-presidente de finanças que havia decidido investir US$ 5 milhões na divisão de consumo de sua empresa. Segundo o relato, o desempenho dessa divisão nos últimos cinco anos havia sido muito pior que o desempenho de outra divisão em que o vice-presidente decidira não investir. O próximo passo era imaginar que você acabou de ser nomeado o novo vice-presidente da empresa e tem agora US$ 10 milhões em novos fundos para investir. Antes de tomar qualquer decisão, porém, metade dos participantes deveria parar para refletir, procurando compreender os critérios de investimento do vice-presidente anterior. A outra metade deveria ser objetiva e desconsiderar as questões de seu antecessor.

Os resultados demonstraram que os participantes que consideraram a situação do vice-presidente anterior, além de serem influenciados pela decisão negativa que ele tomou, também agravaram o compromisso assumido, investindo na divisão 40% a mais que o grupo de controle. Curiosamente, isso ocorreu apesar de ter sido oferecido aos participantes US$ 50 em dinheiro caso as decisões tomadas conduzissem ao melhor resultado financeiro.

Mas espera um pouco. Com toda a correria e competitividade do mundo dos negócios de hoje, se não temos tempo nem de refletir sobre nossos próprios critérios de decisão, imagine os critérios de outra pessoa. Talvez, então, os gestores de compras responsáveis pelas decisões e negociações de sua empresa possam respirar aliviados, sabendo que, na ausência de qualquer conexão profunda entre eles e outras pessoas, seu desempenho dificilmente será afetado.

Estudos posteriores realizados pelos pesquisadores indicam que essa tranquilidade não se justifica. Aliás, descobriram que até conexões aparentemente insignificantes – como o mesmo mês de nascimento e ano de formatura – podem ser suficientes para vincular um indivíduo ao compromisso do outro.

Portanto, que pequenas mudanças esses insights podem gerar para você não cair na armadilha de ser influenciado pelos compromissos dos outros? Imagine que você administra o departamento de aquisições e logística de sua empresa e é responsável por uma equipe de negociadores e compradores. Segundo os estudos, em condições de igualdade entre os integrantes da equipe, você deve escolher o integrante que tenha o menor número de conexões com o pessoal do departamento para o qual você está negociando.

Os gerentes também não devem deixar de considerar as implicações desses estudos. Por mais tentador que seja promover, por exemplo, o principal vendedor da equipe, a conexão que esse indivíduo provavelmente tem com o gerente de vendas anterior acabará prolongando a vida das decisões e estratégias que você deseja eliminar. Por outro lado, se você quiser dar continuidade às abordagens e estratégias utilizadas pelo gerente anterior, a melhor coisa a fazer é indicar justamente o principal vendedor da equipe.

E, evidentemente, no caso de suas próprias negociações e decisões, é fundamental ter consciência dos pequenos detalhes capazes de influenciar suas ações e decisões. Agir de acordo com esse insight pode ser suficiente para evitar que você entre numa enrascada estilo *Poseidon*, afundando sua empresa. Em tempo: segundo a pesquisa conduzida por Jeffrey Pfeffer, da Graduate School of Business, Stanford University, se você supervisionou um determinado projeto em sua organização, o melhor seria delegar o trabalho de avaliação da empreitada a outra pessoa. Isso porque sua inclinação será superestimar o valor do projeto – às vezes de maneira bastante desproporcional. Além disso, quanto menos relação o avaliador tiver com você, mais objetiva será sua avaliação.

CAPÍTULO 13

Que SMALL BIG é essencial para a persuasão do planejamento?

"Sim" pode ser uma palavra bonita de ouvir na hora de persuadir os outros a fazer algo que queremos, mas conseguir que alguém responda "sim" a um pedido nosso não garante nada, principalmente quando existe um intervalo entre a resposta e a ação em si. Você deve se lembrar de ocasiões em que um amigo ou companheiro de trabalho concordou em ajudá-lo – "Claro, na reunião da semana que vem nós discutimos sua proposta" ou "Deixa comigo, vou te colocar em contato com o novo vice-presidente" – e acabou não cumprindo com o prometido. Não é que as pessoas estejam mentindo (assim esperamos). É que existem tantas outras coisas demandando sua atenção que nesse período entre a promessa e seu cumprimento, o compromisso inicial com você acaba se perdendo.

Felizmente, a ciência da persuasão aponta o caminho de uma pequena estratégia, muitas vezes ignorada, para fazer que as pessoas cumpram com seu compromisso inicial: pedir que criem um plano específico de onde, quando e como realizarão a tarefa com a qual se comprometeram. Os cientistas comportamentais chamam esses planos específicos de *intenções de implementação*.

Um bom exemplo dos grandes resultados que podem ser alcançados com uma pequena mudança adicional para facilitar a intenção de implementação são os estudos conduzidos pelos pesquisadores David Nickerson e Todd Rogers. Eles queriam saber se a criação de um plano específico de votação confirmaria a intenção de voto no dia das eleições. Para desfazer a dúvida, Nickerson e Rogers realizaram uma experiência na qual diversos indivíduos aptos a votar nas eleições presidenciais de 2008 receberam um telefonema, cada grupo com um roteiro diferente.

O primeiro era o "roteiro padrão", incentivando as pessoas a votarem, lembrando-as das eleições e da importância de votar. O segundo, o "roteiro prognóstico", era basicamente igual ao roteiro padrão, mas com a pergunta "Você pretende votar?". Esse roteiro prognóstico baseia-se em pesquisas que revelam que perguntar às pessoas se elas realizarão uma ação socialmente desejável aumenta a probabilidade de que realizem tal ação, pois se sentem comprometidas quando respondem que sim.

O terceiro – o "roteiro plano de votação" – era idêntico ao roteiro prognóstico, mas com três perguntas a mais, para incentivar quem respondia que pretendia votar a criar um plano de votação na hora. As perguntas eram: "A que horas você vai votar?"; "De onde você vai vir?" e "O que você vai fazer antes?". A ideia central era que, respondendo a essas perguntas, as pessoas teriam um plano concreto, com todas as obrigações do dia, propiciando seu cumprimento. Por último, um grupo de controle, que não recebia nenhuma ligação.

Cientes de que perguntar às pessoas se votaram ou não após as eleições talvez não lhes fornecesse dados precisos, os pesquisadores decidiram verificar o número oficial de indivíduos que compareceram às urnas para ver quem, do grupo de participantes do estudo, acabou votando e quem não. Os resultados mostraram claramente que o roteiro mais eficaz foi o roteiro plano de votação, com participação eleitoral de quatro pontos percentuais a mais que o grupo de controle. Os pesquisadores descobriram ainda que o roteiro teve maior impacto nas famílias com apenas um votante, aumentando sua participação eleitoral em 9,1 pontos percentuais.

Embora haja várias explicações possíveis para isso, os estudos apontam para o fato de que as famílias com diversos votantes têm maior probabilidade de criar planos de votação espontaneamente (em comparação com famílias em que só uma pessoa vota), porque há mais horários e agendas para conciliar. A solicitação de um plano de votação, portanto, beneficiará mais as famílias com um só votante.

Essa pesquisa deixa claro que ouvir um sim é apenas o ponto de partida da persuasão, não o objetivo. Para aumentar a probabilidade de que as pessoas cumpram com o que prometeram, é necessário considerar mais algumas questões específicas em relação a como elas planejam realizar o que pretendem.

Isso não precisa ser feito de maneira rigorosa ou controladora. Aliás, as perguntas podem referir-se a pequenos detalhes ou aspectos específicos da tarefa. Por exemplo: a líder de um programa de emagrecimento pode, no final de cada sessão, perguntar delicadamente como as integrantes do grupo pretendem chegar na próxima sessão, a que horas sairão do trabalho e se já arrumaram alguém para ficar com o filho. Ela pode até compartilhar esses planos de intenção de implementação com outras participantes, gerando dois benefícios adicionais. Os planos de implementação tornam-se conhecidos por todos (em alinhamento com o princípio de compromisso e coerência) e as integrantes passam a ter informações que ajudam a consolidar futuros compromissos – por exemplo, duas participantes descobrem que moram perto e podem vir juntas.

Numa vertente um pouco distinta, os membros de uma equipe podem aumentar sua eficácia de persuasão para convencer colegas de outros departamentos a comparecer numa reunião fazendo uma pequena mudança na pergunta padrão "Você pode vir na próxima reunião, esta quarta-feira, às 16h?". A pergunta deve ser: "O que você vai fazer antes da reunião desta quarta-feira, às 16h?"

O enorme impacto que uma pequena mudança numa pergunta pode causar também foi demonstrando num estudo concebido para ajudar as pessoas a voltarem para o trabalho. Reconhecendo que os candidatos que visitavam centros de recrutamento e seleção respondiam sempre o que haviam feito nas duas últimas semanas para conseguir emprego, a pergunta foi modificada de modo a concentrar-se na futura intenção de implementação do requerente: "O que você pretende fazer nas próximas duas semanas para conseguir um emprego?". O estudo, realizado pelo Behavioural Insight Team, do governo britânico, é um excelente exemplo de uma pequena mudança que faz uma grande diferença. Num período de teste de três meses, os candidatos a emprego que criaram planos de intenção de implementação tiveram 20% a mais de sucesso após 13 semanas do que os candidatos de um grupo de controle, que responderam à pergunta padrão.

Essa estratégia de persuasão foi utilizada para promover outra importante medida: a imunização. A cientista comportamental Katherine Milkman e seus colegas conduziram um estudo numa grande companhia que oferecia vacinação gratuita contra gripe para seus colaboradores. No experimento, os colaboradores receberam uma correspondência lembrando da vacinação em um dos postos de vacinação da empresa, com datas e endereços. O estudo incluía duas situações. Na primeira, a pessoa era solicitada a escrever a data em que planejava se vacinar. A segunda situação era igual à primeira, com a diferença de que a intenção de implementação era mais completa: a pessoa deveria escrever não só a data, mas o *horário* que pretendia ir. Os pesquisadores verificaram que no caso em que os colaboradores escreveram só a data, o índice de vacinação teve um aumento de 1,5% em relação ao grupo de controle. No caso em que escreveram informações mais específicas – a data e o horário – o aumento foi de 4,2%.

Embora o aumento percentual pareça pequeno, pense na diferença que poderia fazer numa empresa multinacional. Além de evitar que os colaboradores ficassem gripados, também evitaria o contágio. O que é mais interessante nesse estudo, diferente de outros de intenção de implementação descritos anteriormente, é que os colaboradores foram solicitados a declarar (nesse caso, escrever) suas intenções de maneira privada. Apesar de os estudos discutidos anteriormente defenderem os compromissos assumidos publicamente, este último estudo comprova que mesmo os compromissos assumidos particularmente podem ser eficazes, demonstrando a versatilidade dessa estratégia de persuasão.

CAPÍTULO 14

Que SMALL BIG pode prender as pessoas em nossas iniciativas de persuasão?

Às vezes, por mais que tentemos e por mais que tenhamos informações sobre como persuadir os outros, nossas estratégias fracassarão. Pode haver dezenas de motivos para explicar por que uma estratégia de influência normalmente bem-sucedida deixa de produzir os resultados desejados quando queremos convencer os outros a fazer algo que devem fazer, mas não necessariamente desejam. Seja na hora de convencer alguém a apoiar sua instituição de caridade preferida, a ter uma alimentação saudável, a escolhê-lo como fornecedor ou simplesmente adotar um novo método de trabalho no escritório, uma das razões mais comuns para o fracasso é também uma das mais simples: *as pessoas reconhecem que precisam mudar, só que não querem mudar agora.*

Pesquisas realizadas por psicólogos sociais como Dan Gilbert, Yaacov Trope e Nira Liberman indicam que pensamos no *futuro próximo* de maneira muito diferente de como pensamos no *futuro distante*. Nossa tendência é pensar no futuro próximo em termos bem concretos e no futuro distante em termos mais abstratos. Por exemplo: se você convidasse seus colegas de escritório para um trabalho voluntário num abrigo para desabrigados no fim de semana, as respostas variariam de acordo com a data. Se for no próximo fim de semana, provavelmente focarão no que perderão se aceitarem – por exemplo, não poderão fazer compras, perderão o jogo na ESPN ou simplesmente não terão a oportunidade de colocar o sono em dia.

Mas se o convite for para um fim de semana daqui a oito meses, a avaliação da proposta será mais genérica, com questões voltadas mais para valores pessoais e ideologia. Portanto, quem for convidado para um trabalho voluntário daqui a alguns meses tem maior probabilidade de considerar se deve ir e não tanto se deseja ir. Chegando à conclusão de que ajudar os outros faz parte de seus valores, a pessoa se torna mais propensa a aceitar e cumprir com o prometido.

Os cientistas sociais Todd Rogers e Max Bazerman chamam essa estratégia de "futuro comprometimento", e sua utilização depende de uma pequena, mas importante mudança de abordagem. Em vez de pedir para as pessoas concordarem em mudar na hora, você deve pedir que concordem com uma mudança a ser implementada em algum momento no futuro – partindo do princípio, claro, que seja uma mudança positiva e condizente com os valores da pessoa. Para demonstrar a eficácia dessa pequena modificação, os pesquisadores contaram aos participantes do estudo sobre uma proposta de aumentar o preço da gasolina em cinco centavos o litro como forma de ajudar a reduzir o consumo de combustível. Metade dos participantes, porém, recebeu a notícia de que a medida seria implementada o quanto antes e a outra metade ficou sabendo que a medida seria implementada em quatro anos. No caso da implementação imediata, somente 26% dos participantes apoiaram a medida. No caso da implementação tardia, mais de 40% dos participantes concordaram com a política de aumento de preço da gasolina. Uma série de outros experimentos realizados pela mesma equipe de pesquisadores comprovou um efeito similar em outros contextos, como escolhas referentes a instituições beneficentes e à saúde.

Os economistas comportamentais demonstraram a eficácia dessa técnica em outra questão importante: poupar para o futuro. Numa das demonstrações mais contundentes dessa estratégia de persuasão, Richard Thaler – um dos autores de *Nudge* – e seu colega de pesquisa, Shlomo Benartzi, mostraram que eram capazes de aumentar drasticamente o índice de participação nos planos de aposentadoria 401(k). Utilizando o que batizaram de programa "Poupe mais amanhã", em vez de pedir para os trabalhadores participarem do programa imediatamente, eles solicitaram que cada um se comprometesse a colocar uma parte de seus futuros aumentos de salário no plano. Embora o programa tenha sido bem-sucedido por muitos motivos, um dos principais é que os trabalhadores deixaram de pensar em termos concretos (ex.: "Vou receber menos dinheiro por mês") e passaram a pensar em termos mais abstratos, em como o programa os ajudaria a concretizar metas e valores pessoais (ex.: "Vou participar porque é importante e o melhor para a minha família").

Os resultados dessa pesquisa indicam que, se você acha que encontrará resistência a seus pedidos de mudança imediata, o melhor a fazer é solicitar um compromisso de mudança futura. Por exemplo: imagine que você é um gerente com a incumbência de persuadir seus colaboradores a adotar um novo sistema ou procedimento na empresa, benéfico para todos os envolvidos. Imagine ainda que as tentativas anteriores de implementar mudanças na empresa não foram tão bem-sucedidas quanto esperado. Uma pequena diferença de abordagem para começar bem seria pedir aos colaboradores para se comprometerem com a mudança dali a três meses. Tal proposta aumenta a possibilidade de aceitação inicial dos novos procedimentos, assim como de compromissos futuros, em comparação com um pedido de mudança imediata.

Outra possível área para utilizar os "futuros comprometimentos" é no âmbito das assinaturas de serviços como banda larga de internet, TV a cabo e planos de celular. Para os clientes fecharem os negócios mais atraentes, os fornecedores costumam exigir que eles se comprometam imediatamente assinando contratos de 18 ou 24 meses, por exemplo. Alguns clientes podem objetar, pelos custos imediatos e concretos do acordo, mas se o compromisso contratual começar a vigorar em três meses, a estratégia, além de reduzir o número de objeções, renderá ao fornecedor do serviço três meses a mais de compromisso por cada cliente. E todo mundo sai ganhando, pois os clientes terão três meses para ver se ficaram satisfeitos com o serviço.

Sabemos que, num mundo ideal, o melhor seria não ter de esperar nada. Mas às vezes, como lembramos aos nossos editores, vale o ditado: antes tarde do que nunca.

CAPÍTULO 15

Que *SMALL BIG* estamos nos devendo?

Todo dia vemos mensagens persuasivas apelando para nosso sentido de obrigação e responsabilidade moral em relação aos outros. Os comerciais nos dizem que temos o dever com nossa família de fazer um seguro de vida. Os políticos nos dizem que temos o dever com nosso país de comprar produtos nacionais. Os ambientalistas nos dizem que temos o dever com as futuras gerações de conservar os recursos naturais do planeta. E nossa consciência nos diz que temos o dever com nossos pais de cuidar deles na velhice por tudo o que fizeram por nós. É evidente que temos o dever com muitas pessoas de fazer a coisa certa na vida, mas existe uma pessoa com a qual temos o maior dever: nós mesmos no futuro.

Os pesquisadores Christopher Bryan e Hal Hershfield exploraram a hipótese de que as pessoas podem ser persuadidas a desenvolver comportamentos benéficos para elas a longo prazo (mesmo que aparentemente custosos agora) recorrendo a seu senso de responsabilidade moral com a futura versão de si mesmas.

Considerando que a maioria das pessoas não poupa o suficiente para garantir um futuro seguro em termos financeiros, o comportamento específico que Bryan e Hershfield estudaram foi o de economizar para a aposentadoria. Com o intuito de testar suas ideias, os pesquisadores avaliaram quase 200 colaboradores de uma universidade que não estavam investindo muito em planos de aposentadoria.

Todos os colaboradores que participaram do estudo receberam uma mensagem lembrando-os da importância de economizar para a aposentadoria e incentivando-os a poupar dinheiro para esse fim. O último parágrafo, porém, diferia bastante, dependendo do grupo que recebia a mensagem.

Por exemplo, na situação de "interesse próprio padrão", a mensagem dizia: "Recomendamos fortemente que você pense em seus interesses de longo prazo e comece a poupar mais agora. Afinal de contas, seu bem-estar futuro está em jogo. Suas decisões de hoje determinarão quanto dinheiro você terá quando se aposentar".

Na situação de "obrigação com a futura versão de mim mesmo", a mensagem dizia: "Recomendamos fortemente que você pense na responsabilidade que tem consigo mesmo na aposentadoria e comece a poupar mais agora. Afinal de contas, o que você será amanhã depende única e exclusivamente de você. Suas decisões de hoje determinarão quanta segurança financeira você terá no futuro".

Duas semanas depois, os pesquisadores foram ao departamento de benefícios da universidade verificar quanto os participantes haviam modificado seus planos de poupança para a aposentadoria após a mensagem. Os participantes que receberam a mensagem "obrigação com a futura versão de mim mesmo" passaram a guardar 0,85% a mais do que os participantes que receberam a mensagem "interesse próprio padrão". Numa primeira análise, a diferença parece pequena. Mas considere os resultados de um sujeito de 30 anos que recebe um salário médio anual de US$ 45.485. Se ele aumentar sua contribuição de 5% para 5,85%, mesmo sem ganhar nenhum aumento de salário ao longo da vida (uma estimativa para lá de conservadora), quando ele se aposentar aos 65 anos, aquele pequeno aumento terá lhe rendido um adicional de US$ 68.797. Outra forma de ver a mesma situação é que o homem desse exemplo pode se aposentar um ano e meio antes pelo simples fato de ter considerado a mensagem recebida!

Essa pesquisa demonstra que apelar para a responsabilidade moral que temos com a futura versão de nós mesmos pode ser uma poderosa estratégia de influência. No entanto, devemos ressaltar que a mensagem da "obrigação com a futura versão de mim mesmo" não funcionou com todo mundo. A reação das pessoas varia dependendo de sua proximidade com essa futura versão. Ou seja, os pesquisadores descobriram que as pessoas que sentem pouca ligação com a futura versão de si mesmas foram persuadidas igualmente por ambas as mensagens. Isso significa que, ao incentivar as pessoas a fazerem planos para o futuro, você terá que identificar, de alguma forma, as pessoas que sentem proximidade com a futura versão de si mesmas e direcionar sua mensagem de acordo com o grupo? Na verdade, não. Embora essa estratégia não tenha funcionado com todo mundo, como o resultado da mensagem de "obrigação com a futura versão de mim mesmo" foi similar ao da mensagem padrão no caso das pessoas que não se sentiam conectadas com essa ideia, a estratégia apresentada provavelmente é a melhor opção.

A constatação de que o simples ato de pedir às pessoas para considerarem sua obrigação moral com a futura versão de si mesmas pode gerar grandes resultados em termos de poupança para a aposentadoria deve chamar a atenção de consultores financeiros, gerentes de RH e estrategistas econômicos. Mas será que existe uma maneira ainda mais eficaz de lembrar as pessoas da importância de pensar em si mesmas no futuro? Existe: mostrando-lhes uma foto de como elas serão provavelmente no futuro.

Num estudo conduzido por Hal Hershfield e seis outros pesquisadores, os participantes, depois de fazerem o upload de uma foto pessoal tirada poucas semanas antes da experiência, deviam determinar quanto queriam contribuir para o fundo de aposentadoria, utilizando um controle deslizante que indicava seu nível de contribuição. Metade dos participantes definiu sua contribuição numa tela que exibia a foto "atual" carregada por eles. A outra metade via uma foto "envelhecida", retratando sua provável aparência aos 70 anos. Essa pequena mudança fez uma grande diferença. Os participantes desse último grupo alocaram, em média, 6,2% de seus rendimentos para o fundo de aposentadoria, enquanto os participantes do outro grupo contribuíram, em média, com 4,4%. Uma diferença de mais de 40% resultante do contato dos participantes com sua futura imagem.

As implicações do estudo são claras. Todo comunicador com a incumbência de modificar o comportamento de uma pessoa que não verá os resultados dessa mudança por um bom tempo deve apontar não só para a obrigação que ela tem com a futura versão de si mesma, mas também ilustrar como será essa futura versão. Por exemplo: um médico que deseja convencer um paciente a parar de fumar pode mostrar sua foto num aplicativo gratuito de envelhecimento, ressaltando como fumar acelera esse processo.

Mas se mostrar a futura imagem da pessoa for difícil, como no caso da persuasão de um grupo de pessoas, Daniel Bartels e Oleg Urminsky sugerem um método ainda mais fácil. Seus estudos comprovam que um comunicador pode fortalecer a conexão entre nossa versão atual e nossa versão futura simplesmente nos lembrando de que, embora alguns aspectos de nossa vida mudem com o tempo, nossa identidade, nossa essência – quem realmente somos como pessoa – continuará sendo a mesma.

Consequentemente, em vez de empregar estratégias de culpa ou complexos métodos de incentivo para reduzir, digamos, a gula ou o desperdício de dinheiro, o mero ato de lembrar a pessoa de sua futura versão de si mesma pode ajudá-la a resistir à tentação e tomar decisões mais prudentes.

Você pode achar que as mudanças táticas recomendadas neste capítulo parecem limitadas demais, mas você tem o dever com sua futura versão de pelo menos tentar e ver se funcionam para você.

CAPÍTULO 16

Que SMALL BIG pode nos ajudar a reconectar com nossos objetivos?

Em 1919, Walt Disney foi demitido do trabalho que fazia para o Kansas City Star desenhando charges políticas porque, segundo o editor do jornal, ele "não era criativo o suficiente".

Em 2012, o biólogo britânico Sir John Gurdon recebeu o Prêmio Nobel por sua extensa e valiosa contribuição à fisiologia, apesar da observação de um professor da escola onde estudou: "Gurdon sonha em ser cientista, mas, se for pelo seu rendimento, ele pode continuar sonhando".

E, reza a lenda, que um diretor de estúdio da RKO Pictures reprovou Fred Astaire em um de seus primeiros testes. "Ele não sabe atuar, não sabe cantar e está ficando careca. Só dança um pouquinho".

Felizmente, esses obstáculos iniciais não foram suficientes para impedir que essas grandes personalidades atingissem suas metas. Mas às vezes as pessoas se desviam de seus objetivos – não os grandes sonhos, o tipo de objetivo que futuros ganhadores do Prêmio Nobel e personalidades de Hollywood aspiram alcançar, mas objetivos menores, também importantes, como guardar um pouco mais de dinheiro, perder alguns quilinhos, pagar a dívida do cartão de crédito ou conseguir bater a cota de vendas do mês.

Assim como temos a necessidade de nos reconectar com antigas metas que estabelecemos para nós mesmos, gerentes, supervisores, professores e até pais precisarão, muitas vezes, ajudar a equipe, os alunos ou os filhos a se reconectar com seus antigos objetivos também. De um modo geral, quando definimos novos objetivos, seja para nós ou para os outros, o mais indicado é que sejamos bem específicos em relação ao que precisa ser alcançado. Por exemplo: perder um quilo por semana, correr nove quilômetros em 60 minutos ou guardar US$ 100 por mês para as próximas férias. Mas será que essa recomendação funciona mesmo na hora de nos persuadir ou persuadir os outros a se *reconectar* com uma meta?

Segundo os professores de marketing Stephen Nowlis e Maura Scott, embora faça sentido ser específico em relação a um objetivo novo, essa abordagem nem sempre funciona quando o plano é reconectar-se com objetivos antigos. Nowlis e Scott acreditam que a probabilidade de reconexão com antigas metas será muito maior se, em vez de definir um número específico (ex.: perder 1,5 quilo por semana), a pessoa estabelecer um objetivo dentro de uma faixa equivalente (ex.: perder de um a dois quilos por semana).

Para testar a ideia, os pesquisadores desenvolveram uma série de estudos, entre eles uma experiência realizada num clube de emagrecimento. Os integrantes que concordaram em participar no programa de dez semanas primeiro estabeleceram metas para o período, sendo divididos, então, em dois grupos: um com uma meta específica (um número), outro com uma meta mais abrangente (uma faixa). Por exemplo: os integrantes que queriam perder um quilo na primeira semana receberam a meta de "perder um quilo esta semana" no primeiro grupo, e a meta de "perder de um a dois quilos esta semana" no segundo grupo.

No início de cada semana, todos se pesavam, estabeleciam a meta para a semana seguinte e iam participar de uma aula sobre hábitos de vida saudáveis. No final das dez semanas, os pesquisadores avaliaram o desempenho dos integrantes em termos de perda de peso e disposição para participar de outro programa de dez semanas. Embora a diferença em termos de quilos perdidos entre os dois grupos tenha sido pequena (durante as três primeiras semanas, os integrantes do primeiro grupo perderam, em média, 4,85 quilos, enquanto os integrantes do segundo grupo perderam 5,89 quilos), a meta mais abrangente teve um grande efeito de persuasão na disposição dos integrantes de participar novamente do programa. Apenas 50% dos integrantes do primeiro grupo se matricularam num novo programa de emagrecimento, enquanto quase 80% dos integrantes do segundo grupo se matricularam em outros programas, pagando uma taxa de US$ 25.

Atenção líderes de programas de emagrecimento e gerentes de clubes de saúde: embora a perda de peso nos dois grupos tenha sido próxima, o que importa, na verdade, é a constância, como qualquer nutricionista confirmará. Considerando que um dos principais componentes da constância é a reconexão com as metas, essa pequena mudança pode gerar uma grande diferença. Mas por quê?

De acordo com pesquisas anteriores, dois fatores podem influenciar as pessoas na hora de perseguir uma meta: *desafio* e *viabilidade*. As pessoas devem se sentir desafiadas por uma meta, porque isso contribuirá para o sentimento de realização, mas só na medida em que a meta for realmente viável. Ao contrário das metas específicas, em que o indivíduo define um número relativamente fácil de atingir, as metas mais abrangentes, estabelecidas dentro de uma faixa determinada, têm a vantagem de incluir os dois fatores mencionados. Em essência, a reconexão é impulsionada pelo sentimento de realização decorrente do desafio e da viabilidade da meta.

Evidentemente, o sucesso de Walt Disney, Fred Astaire e Sir John Gurdon após os obstáculos iniciais não resultou de pequenas mudanças na forma de estabelecer metas. Para tornar-se um ganhador do Prêmio Nobel ou uma celebridade de Hollywood, o sujeito precisa fazer grandes sacrifícios, trabalhar e estudar muito e dedicar anos de prática para desenvolver seu talento. Tudo coisa GRANDE.

Mas como temos demonstrado ao longo do livro, as coisas pequenas também fazem diferença.

Como a pesquisa demonstra claramente, fazer uma PEQUENA mudança em nossa maneira de definir metas, para nós e para os outros, pode fazer uma GRANDE diferença em termos de envolvimento. Um professor que queira estimular o aluno com um mau resultado no teste de ortografia pode definir uma meta de sete a nove palavras certas (de dez) no próximo teste, em vez de pedir oito. Um supervisor de call center desejoso de encorajar e manter um elevado número de ligações pode definir metas específicas para um turno (por exemplo, ligar para x clientes por dia) e metas abrangentes para outro (por exemplo, fazer de y a z ligações por dia), avaliando, no final, as diferenças produzidas por essa pequena mudança. Empresas de gestão de dívidas e instituições de poupança podem descobrir que os planos de reembolso (e poupança) duram muito mais se os clientes concordarem com metas abrangentes – por exemplo, poupar de US$ 28 a US$ 32 por mês, em vez de US$ 30.

Uma pequena mudança na forma de reconectar-se com as metas pode ter implicações gerais na política também. Seguindo a recomendação da Organização Mundial da Saúde (OMS), diversos países, entre eles, Estados Unidos, Reino Unido e Alemanha, adotaram programas do tipo "cinco por dia", incentivando as pessoas a comerem cinco porções de frutas e verduras por dia. Muitos desses programas não tiveram tanto sucesso por uma série de motivos. Segundo a pesquisa apresentada, uma pequena mudança de meta (em vez de cinco porções por dia, definir uma meta de quatro a seis) poderia ajudar a estimular quem já fracassou anteriormente.

CAPÍTULO 17

Que SMALL BIGS podem ser usados para que a opção padrão seja mais eficaz?

Mesmo sem perceber no momento, muitas das escolhas que fazemos em nossa vida sobrecarregada de informações são escolhas automáticas. Os estrategistas políticos do governo, os planos de aposentadoria e os vendedores de carro reconhecem a força da opção "padrão", utilizando-a para influenciar nosso comportamento de uma forma ou de outra.

Por exemplo: o número de inscritos nos planos 401(k) pode aumentar em 50% se o empregador estabelecer a opção padrão de registro automático para os colaboradores. O número de doadores de órgãos pode ser quatro vezes maior nos países em que essa é a opção padrão (quem não quiser doar precisa declarar intenção contrária). As opções padrão também são muito usadas pelos marqueteiros eletrônicos, que lhe enviarão ofertas e mensagens de marketing por e-mail, a menos que você cancele essa opção.

Como costumam ir *ao encontro de* (e não *de encontro a*) nossa tendência à inércia, as opções padrão são uma poderosa ferramenta em termos de influenciar as decisões e comportamentos dos outros. Por que se dar ao trabalho de pedir a alguém para pensar em mudar se uma pequena modificação na opção padrão pode fazê-lo mudar sem pensar? Mas, apesar do apelo generalizado e da onipresença, as opções padrão também têm seus inconvenientes.

Um aspecto negativo é que as opções padrão geralmente são passivas, não ativas e, conforme demonstrado em capítulos anteriores, isso pode ser um problema na hora de persuadir alguém a cumprir compromissos no futuro. Outro desafio das opções padrão é o fato de que, como funcionam melhor em situações nas quais só existe uma linha de ação adequada, quando queremos que as pessoas considerem diversas opções antes de tomar uma decisão, ou pelo menos oferecer opções personalizadas de acordo com as necessidades, as opções padrão não funcionam tão bem.

A resposta, então, é abandonar as opções padrão em nome de estratégias mais eficazes? Não. Felizmente, a ciência comportamental oferece algumas pequenas mudanças que possibilitam o aumento da eficácia via opção padrão, sem incorrer em custos extras em termos de tempo e recursos.

Numa série de estudos, a pesquisadora Punam Keller e seus colegas demonstraram que as estratégias padrão podem ser incrementadas adotando-se um método de dois passos que eles batizaram de "escolha ativa reforçada".

O primeiro passo da escolha ativa reforçada requer uma pequena mudança na opção padrão de modo que, em vez de decidirem se adotarão ou não uma opção, as pessoas possam realmente escolher entre duas opções. Em um dos experimentos, Keller e seus colegas dividiram os colaboradores de uma escola em dois grupos. A todos os participantes foi oferecida a opção de se vacinar contra a gripe, não só para proteger a saúde, mas também para economizar dinheiro nos prêmios mensais do seguro de saúde.

As pessoas do primeiro grupo (opção de inclusão) deveriam simplesmente responder se gostariam de se vacinar no próximo outono.

No segundo grupo, porém, em vez de incluir as pessoas numa escolha que já foi feita para elas, os pesquisadores davam-lhes a possibilidade de fazer uma escolha ativa entre duas opções, a saber:

Desejo tomar a vacina contra a gripe.
ou
Não desejo tomar a vacina contra a gripe.

De acordo com os resultados, o número de pessoas dispostas a tomar a vacina na condição de escolha ativa (62%) foi muito maior do que na condição de inclusão (42%), constituindo prova suficiente de que, embora a estratégia de inclusão tenha sido relativamente bem-sucedida, uma pequena mudança para a escolha ativa gerou uma grande diferença.

Mas os pesquisadores não se deram por satisfeitos. A pergunta agora era como reforçar ainda mais as escolhas ativas, e a resposta estava em outro princípio fundamental da ciência da persuasão: a *aversão à perda* – isto é, uma forte tendência que temos de fugir de tudo o que significa perda. Com essa tendência humana em mente, os pesquisadores testaram um acréscimo na condição de escolha ativa, lembrando o que os participantes perderiam em cada caso:

> Desejo tomar a vacina contra a gripe para reduzir o risco de ficar doente e economizar US$ 50.

ou

> Não desejo tomar a contra a gripe, mesmo que isso aumente o risco de ficar doente e não economizar US$ 50.

O pequeno acréscimo de uma mensagem de perda na escolha ativa produziu uma grande diferença, com 75% das pessoas indicando o desejo de tomar a vacina nesse caso. Os resultados foram tão impressionantes que Keller e seus colegas decidiram testar abordagens similares fora do laboratório, incluindo um abrangente estudo de campo com cerca de 11 mil beneficiários do benefício farmácia. Em todos os estudos, a estratégia de escolha ativa reforçada foi a mais eficaz.

Embora os estudos tenham sido realizados no contexto da saúde pública, cujo objetivo era persuadir as pessoas a tomarem uma vacina contra a gripe, a abordagem de escolha ativa reforçada pode ser bastante eficaz em outros contextos também. Por exemplo, os desenvolvedores de softwares, em vez de utilizar uma abordagem padrão para incentivar os usuários a migrarem de uma versão gratuita limitada de seu produto para uma versão integral paga, podem modificar os *pop-ups* de modo a dar aos usuários a possibilidade de escolha ativa entre *duas opções*, lembrando de reforçar essa escolha com as desvantagens de permanecer na versão gratuita (ex.: eles perderiam a opção de downloads mais rápidos e recursos extras).

As instituições financeiras que desejem persuadir os clientes a abrir cadernetas de poupanças extras podem apresentar, no momento em que o cliente entre no banco online, a opção de escolha entre a conta atual e uma conta avançada, lembrando, de novo, de enfatizar o que o cliente está perdendo ao permanecer no modelo atual. Os diretores de escola podem persuadir os pais a matricularem os filhos na iniciativa "vá a pé para a escola" solicitando que façam uma escolha ativa entre ir de carro num determinado dia ou caminhar – lembrando de tudo o que os filhos perderiam (ar fresco, possibilidade de exercitar-se e oportunidade de inclusão social) se a escolha fosse não caminhar.

Seja qual for o desafio, o segredo dessa abordagem de dois pequenos passos é sempre o mesmo. Primeiro, considere as duas opções que você quer dar para a pessoa, depois priorize uma das opções, destacando o que a pessoa perderá se não escolher essa opção.

Essas duas PEQUENAS mudanças podem gerar GRANDES resultados.

CAPÍTULO 18

Que *SMALL BIG* pode diminuir a tendência de procrastinação das pessoas? (E nossa também!)

Num recente balanço anual, a varejista americana Best Buy declarou um ganho de mais de US$ 40 milhões provenientes de cartões-presente não utilizados até a data de validade. O fenômeno, ao que tudo indica, não é um caso isolado. O Tower Group, empresa de pesquisa de mercado, estima que o valor total de dinheiro não utilizado em cartões expirados é de aproximadamente US$ 2 bilhões por ano.

Cientes desse excesso de dinheiro perdido, alguns grupos de consumidores protestaram a favor de uma mudança na lei que obrigasse as lojas a estenderem o prazo de validade dos cartões emitidos, dando mais tempo para as pessoas utilizarem o presente. Com base em pesquisas realizadas sobre o processo de persuasão, sabemos que esse tipo de mudança pode piorar as coisas em vez de melhorar. Acreditamos na necessidade de uma abordagem totalmente diferente. Aliás, uma abordagem que requer apenas uma pequena mudança capaz de ativar nossa motivação central. Essa pequena mudança, sem nenhum custo, além de aumentar as chances de seu primo usar aquele cartão-presente da Amazon no valor de US$ 25 que você comprou para ele nas férias passadas, pode ajudá-lo a persuadir as pessoas a não deixar para amanhã o que podem fazer hoje.

Quem não procrastina de vez em quando? Seja na hora de dar um pouco mais de si na academia, começar um curso novo ou aparar a grama, algumas pessoas são bastante criativas para justificar a procrastinação. Como diz o provérbio espanhol: "Amanhã é sempre o dia mais ocupado da semana". A procrastinação, de um modo geral, está associada a tarefas que consideramos desagradáveis, mas muitas vezes deixamos para o dia seguinte atividades que nos agradam bastante. Por quê?

Um dos motivos é que, como normalmente estamos focados no que exige nossa atenção no momento, acreditamos equivocadamente que, tão logo nos livremos das obrigações atuais, teremos mais tempo para nos dedicar a atividades prazerosas. Evidentemente, o que acabamos esquecendo é que uma obrigação puxa a outra, e o mais provável é que estejamos tão ocupados no futuro quanto agora. Resultado? Não temos tempo nem para atividades prazerosas.

Ao observar um aumento crescente da procrastinação de tarefas agradáveis (além das desagradáveis) num mundo sobrecarregado de informações, as pesquisadoras Suzanne Shu e Ayelet Gneezy conceberam uma série de experimentos fascinantes para demonstrar como uma pequena mudança na data de validade pode ter um efeito surpreendente na probabilidade de terminarmos as tarefas.

Antes de partir para a prática, as pesquisadoras pediram para os participantes classificarem a atratividade de um vale-presente no valor de US$ 6, que dava direito a um café e um bolo numa padaria chique do bairro. Os participantes também deveriam responder se usariam o vale, caso recebessem um. Sem eles saberem, embora o valor do vale fosse o mesmo, a data de validade era diferente: alguns eram válidos só por três semanas, outros, por dois meses. É claro que os vales com a data de validade maior receberam avaliações mais positivas do que os com data de validade menor.

Curiosamente, a avaliação positiva influenciou na previsão de uso do vale. Cerca de 70% das pessoas que avaliaram o vale com data de validade de dois meses disseram que o usariam, em comparação com 50%, no caso do vale de três semanas. Como podemos constatar, as pessoas gostam da flexibilidade de um prazo mais extenso.

QUE *SMALL BIG* PODE DIMINUIR A TENDÊNCIA DE PROCRASTINAÇÃO DAS PESSOAS? (E NOSSA TAMBÉM!)

Na introdução do livro, contudo, comentamos que as pessoas, de um modo geral, não são tão boas em prever suas futuras ações. Será então que, mesmo preferindo o vale-presente com data de validade maior, as pessoas usariam mais o vale com data de validade menor?

Essa foi exatamente a pergunta que as pesquisadoras se fizeram, e o que descobriram é incrível. Apesar das previsões, o número de participantes com vale de três semanas que realmente foram à padaria retirar seu café com bolo foi cinco vezes maior do que o número de participantes com o vale de dois meses. Talvez as pessoas prefiram ofertas com data de validade maior, porque ganham mais tempo para aproveitá-la. Mas, na prática, o que acontece é o contrário.

Como teste final para assegurar que os resultados podiam ser atribuídos à procrastinação e não a outros fatores, as pesquisadoras realizaram uma série de pesquisas de acompanhamento. Os participantes que trocaram o vale relataram uma experiência agradável e gratificante. Aqueles que não trocaram se diziam arrependidos, apontando como motivo as explicações "acabei ficando sem tempo" ou "estava deixando para depois", em vez de "esqueci", "não gosto de doce" ou "dava muito trabalho".

De acordo com essa pesquisa, portanto, uma pequena mudança imediata que qualquer comunicador pode fazer para persuadir os clientes a aceitarem suas propostas é encurtar o prazo da oferta, em vez de oferecer um prazo muito longo na esperança de que isso torne seu produto mais atraente. Por exemplo: uma empresa de software que queira aumentar o número de usuários pode conseguir isso modificando seus *pop-ups*. Em vez das opções padrão "Inscreva-se agora", "Perguntar novamente em 1 dia" e "Perguntar novamente em 1 semana"; optar por "Inscreva-se agora", "Perguntar novamente em 1 dia" e "Perguntar novamente em 3 dias (último dia para inscrever-se)", talvez oferecendo recursos extras para incentivar as inscrições na hora.

Um consultor financeiro ou gerente de investimentos com o objetivo de persuadir potenciais investidores a comparecerem num *webinar* ou palestra sobre as últimas tendências do mercado pode aumentar os índices de inscrição mudando a opção "RSVP até dia tal" no convite por uma data mais próxima. Essa ideia é respaldada por outras pesquisas, que comprovam que enviar convites por e-mail com datas específicas e próximas aumenta os índices de inscrição em 8%.

Por fim, se sua esposa, amigo ou sócio prometeu tomar um vinho maravilhoso com você, mas vive adiando a promessa em busca da ocasião ideal, Shu e Gneezy apresentariam uma cena do filme *Sideways* para indicar como persuadí-lo(la):

> **Miles:** *Tenho algumas raridades guardadas. Acho que a principal é um Cheval, de 1961.*
> **Maya:** *Você tem um Cheval Blanc 1961 guardado? Talvez seja tarde demais já. O que você está esperando?*
> **Miles:** *Sei lá. Uma ocasião especial. Com a pessoa certa. Era para tomar no meu décimo ano de casamento.*
> **Maya:** *O dia em que você abre um Cheval Blanc 1961 se torna uma ocasião especial.*

CAPÍTULO 19

Que SMALL BIG pode ajudar a fazer os clientes esperarem?

Na lista da MTV "100 melhores músicas de rock" de 1981 estava a música "Should I stay or should I go?", da banda de punk rock The Clash. A pergunta do título, "Fico ou vou embora?", deve ser tão comum hoje em dia quanto na época em que o hit foi lançado – e não só em questões do coração, mas também no âmbito dos negócios.

Todo dia, milhões de clientes se perguntam "Fico ou vou embora?" enquanto esperam na linha por um serviço, sem saber quanto tempo demorará. O comprador muda de fila na esperança de pegar outra mais rápida. Usuários de internet atualizam o navegador na esperança de acelerar o download. O sujeito que liga para o serviço de atendimento ao cliente (SAC) desiste da ligação e resolve ligar mais tarde, na esperança de que o tempo de espera seja mais curto. É verdade que estamos vivendo num mundo saturado de informações, mais veloz do que nunca, mas ainda desperdiçamos boa parte de nosso tempo esperando na linha (ou online).

Observando que o cidadão americano comum pode passar mais de dois anos de sua vida esperando ser atendido, os pesquisadores Narayan Janakiraman, Robert J. Meyer e Stephen J. Hoch procuraram identificar os fatores que costumam fazer que as pessoas esperem ou desistam. As descobertas apontam para pequenas, mas importantes, mudanças que qualquer empresa ou central de atendimento pode fazer para gerar grandes melhorias em termos de retenção, satisfação e avaliação dos clientes.

O ponto central da pesquisa é a suspeita de que raramente as pessoas persistem numa fila só porque já entraram nela. Os estudos revelaram, por exemplo, que cerca de um terço das pessoas que ligam para call centers desliga o telefone e liga de novo por pura impaciência. Evidentemente, não é uma estratégia muito eficaz porque a pessoa liga mais tarde e o tempo acumulado de espera torna-se ainda maior.

Sob a ótica da ciência da persuasão, a decisão "Fico ou vou embora?" contrapõe duas motivações humanas fundamentais: de um lado, quanto mais a pessoa espera na fila, mais ela pode focar no que poderia fazer em vez de esperar. (Essa espécie de aprisionamento pode ser vivido como uma perda e, como ninguém gosta de perder, muita gente abandona a espera para não perder ainda mais.) Por outro lado, talvez a pessoa na fila tenha assumido um compromisso, ativando o princípio da coerência, que a faz permanecer. À medida que o tempo passa, a motivação de continuar na fila pode, inclusive, aumentar, pela proximidade da meta.

Então, nesse contexto de tensão entre não querer perder e manter a coerência, o que as pessoas costumam fazer? Em seus estudos, Janakiraman e seus colegas verificaram que a maioria das pessoas toma a pior decisão de todas: desistir da espera no meio. A decisão, claro, vem acompanhada de sentimentos de irritação e frustração – situação bastante indesejável se a empresa com a qual os potenciais clientes esperam fazer negócios for a sua.

Isso levanta uma questão: o que pode ser feito para mitigar esses sentimentos e reduzir o número de clientes que desligam antes de conseguir falar com sua empresa? Algumas soluções óbvias seriam contratar e treinar mais pessoas ou diminuir o tempo de espera, analisando e administrando a relação demanda *versus* capacidade. Embora tudo isso seja importante, são medidas aparentemente caras e trabalhosas. Como o objetivo deste livro é apresentar estratégias econômicas em todos os sentidos, o que mais pode ser feito? Na pesquisa, que incluiu uma série de experimentos em laboratório e estudos de campo num call center da Índia, Janakiraman e seus colegas testaram um SMALL BIG de fácil implementação que apresentou bons resultados: oferecer distrações e outras opções básicas para quem espera na linha. A medida reduziu consideravelmente o número de pessoas que desligam o telefone. Parece óbvio, mas funciona.

Procuramos saber se essa estratégia também serviria como uma daquelas oportunidades do mundo dos negócios de transformar experiências potencialmente frustrantes para a maioria das pessoas em experiências positivas, criando até fidelidade. Instituições financeiras podem oferecer aos clientes que esperam na linha dicas simples de investimento via sistema automático de voz; no caso de clientes esperando na fila do banco, uma ideia seria oferecer atividades educativas sobre dinheiro para as crianças. O maître de um restaurante, em vez de deixar aqueles jogos americanos com passatempos em cima da mesa, pode entregá-los às famílias que estão esperando um lugar. Embaixadas com longas filas de pessoas solicitando visto podem distrair o pessoal distribuindo panfletos informativos, com expressões comuns, traduções e curiosidades sobre os costumes locais, como hábitos referentes a gorjeta (ou fila!) que serão úteis no outro país.

Falando em distração, lembramos de dois exemplos maravilhosos. O primeiro vem de um leitor de nosso blog (*Inside influence*) que nos contou a história de um sujeito que ligou para sua operadora de celular e recebeu da atendente a informação que, devido à lentidão do sistema, ela retornaria a ligação mais tarde. Como já havia esperado bastante para conseguir falar com alguém, o cliente disse que não desistiria tão fácil e que preferia esperar na linha. "Tudo bem, senhor", respondeu a atendente, "se o senhor prefere assim, qual a sua música favorita?" O cara ficou chocado com a pergunta, mas acabou respondendo. Imagine a cara dele quando, ao dizer "New York, New York", de Frank Sinatra, a atendente começou a cantar!

O segundo exemplo vem do nosso editor no Reino Unido, que nos contou que ligou para a agência de proteção aos gatos (Cats Protection) e teve de esperar na linha, mas, em vez de ouvir aquela musiquinha típica, ouviu o som agradável de gatos ronronando.

Talvez o *SMALL BIG* apresentado aqui seja que as empresas permitam que as pessoas personalizem a música de espera. Nossa escolha? The Clash, claro!

CAPÍTULO 20

Que SMALL BIG pode transformar seu potencial em realidade?

Imagine que você deseja convencer um novo cliente de que sua empresa é a que merece ser escolhida. Por outro lado, imagine que você deseja se posicionar como a melhor escolha para um novo trabalho ou promoção. Você terá mais sucesso fazendo pequenas mudanças de abordagem de modo a enfatizar experiências e realizações do passado ou é melhor concentrar-se em seu potencial, frisando ao cliente ou recrutador o que você tem a oferecer no futuro?

Numa pesquisa rápida (e confessadamente pouco científica), que um de nós realizou com os colegas do escritório, a maioria das pessoas respondeu que devemos focar nas experiências e realizações do passado. Faz sentido. Nossas realizações concretas são muito mais convincentes do que nosso futuro potencial, por um simples motivo: elas já aconteceram. Não deixam espaço para dúvida. Se todos os outros fatores forem iguais, a empresa com anos de experiência e vários prêmios no currículo terá mais chance de fechar um negócio lucrativo do que a empresa novata, menos experiente, mas cheia de potencial. Da mesma forma, o candidato com mais chance de conseguir a almejada promoção será o candidato que já goza de algum sucesso na carreira, não necessariamente o candidato com maior potencial de sucesso.

Na prática, porém, não é sempre assim. Existem inúmeros exemplos de novas promessas do esporte negociadas por somas astronômicas com base apenas em seu futuro potencial. O ex-jogador de futebol americano JaMarcus Russell foi o principal jogador universitário do recrutamento da NFL em 2007, fechando um contrato com o Oakland Raiders no valor de US$ 61 milhões! Evidentemente, o Raiders via tanto potencial em Russell que estava disposto a pagar por isso – potencial que nunca foi manifestado em campo. No mundo dos negócios, muitos devem se lembrar de ocasiões em que um candidato menos experiente, mas com futuro, acabou roubando a vaga de um colega mais antigo. E quem já trabalhou com desenvolvimento empresarial ou vendas provavelmente sabe o que é perder um negócio para um concorrente que, pelo menos em tese, não chegava nem aos pés de sua empresa em termos de experiência e currículo. Então, se objetivo é persuadir os outros, em que fator devemos focar: *potencial* ou *realidade*?

De acordo com os cientistas Zakary Tormala, Jayson Jia e Michael Norton (coautor do excelente livro *Dinheiro Feliz*), especialistas em persuasão, devemos focar em nosso *potencial* – mesmo que não faça muito sentido pela lógica – porque o potencial de alcançar a excelência em algo geralmente parecerá mais atraente para os tomadores de decisões do que a excelência em si. Em outras palavras, a promessa de possibilidade muitas vezes chama mais atenção do que a realidade.

Em um de seus estudos, Tormala e seus colegas pediram aos participantes para avaliarem um candidato a um cargo sênior na divisão financeira de uma grande empresa. Todos os participantes foram informados de que o candidato havia concluído o bacharelado em Economia pela Cornell University e feito mestrado em Administração de Empresas na New York University. Alguns participantes, porém, receberam a informação de que o candidato tinha dois anos de experiência na área de finanças e havia tirado 92/100 num teste chamado Avaliação de Realização da Liderança, enquanto outros ficaram sabendo que o candidato não tinha nenhuma experiência na área e havia tirado 92/100 num teste chamado

Avaliação de Potencial da Liderança. Os pesquisadores disseram para todos os participantes que ambos os testes serviam para avaliar o provável desempenho do candidato nos próximos dois anos.

Curiosamente, os participantes acharam que a melhor opção era contratar o candidato com potencial, mesmo ele sendo menos qualificado pela falta experiência. Em relação ao desempenho após cinco anos, os participantes ainda apostavam no candidato com potencial. Num estudo de follow-up, Tormala e seus colegas verificaram resultados similares na escolha entre dois indivíduos com diferenças de potencial *versus* realização, mas comparáveis em todos os outros aspectos. Os resultados apontam para o poder do potencial.

A força de persuasão do potencial (maior do que a própria realização) não se limita ao contexto das contratações. Tormala e seus colegas também encontraram evidências da preferência pelo potencial num ambiente baseado no consumidor, como o das redes sociais. No estudo, usuários de Facebook leram comentários sobre um determinado comediante. Metade dos participantes leu comentários enfatizando o potencial do sujeito, frases do tipo "Esse cara vai ser o cara" e "Todo mundo vai falar sobre ele no ano que vem", e a outra metade leu comentários sobre suas realizações, como:"Os críticos dizem que ele é o cara" e "Todo mundo está falando sobre ele".

Como no caso do estudo de recrutamento no banco e o follow-up demonstrando uma preferência geral pelo potencial em detrimento da realização, os usuários do Facebook demonstraram muito mais interesse (medido por quantidade de cliques) e afinidade (medida por curtidas) quando os comentários se referiam ao potencial do comediante, não a suas verdadeiras realizações. Mas por quê?

Os pesquisadores acreditam que um motivo provável para o potencial chamar mais atenção do que a realidade é que a realidade já é um fato, algo totalmente certo. Apesar das desvantagens óbvias do potencial, a incerteza no momento de avaliar uma pessoa com potencial acaba virando uma vantagem. Em suma, a incerteza desperta nosso interesse.

Isso significa, então, que na hora de tomar decisões o potencial será considerado um critério mais confiável do que a realidade?

Dificilmente. Mas como o potencial tem a capacidade de instigar, o que acaba despertando o interesse das pessoas, é recomendável que os comunicadores alinhem suas mensagens com base nesse insight. Aliás, os autores do estudo afirmam justamente isso, que se fornecermos informações confirmativas logo após a atenção ser atraída para o potencial (ex.: o depoimento de uma fonte idônea, um elevado escore de liderança ou algum tipo de mensagem persuasiva), a probabilidade de uma atitude ou impressão favorável aumenta.

Imagine, então, que chegou o momento de convencer um possível cliente de que sua empresa é a melhor opção de negócio. Imagine também que uma de suas principais vantagens competitivas é uma mistura de experiência com novas formas de pensar. Um detalhe importante a considerar nessa hora é a ordem de apresentação de suas qualidades. Você deve primeiro atrair a atenção do cliente para os possíveis benefícios de sua proposta, e em seguida apresentar exemplos do que sua empresa já realizou.

Do mesmo modo, se você estiver se candidatando a um novo cargo ou dando aval para alguém nessa situação, a estratégia mais eficaz, segundo os estudos, é primeiro falar do potencial que você (ou a pessoa que você está recomendando) tem para ocupar o cargo e só depois falar de sua experiência profissional. Dessa maneira, suas chances de despertar o interesse do empregador aumentam, o que significa que as informações subsequentes que você apresentará sobre suas realizações ganharão mais atenção. Pelo mesmo motivo, alunos do ensino médio devem enfatizar seu potencial nas declarações que acompanham o pedido de matrícula nas universidades.

Corretores imobiliários com a missão de comercializar uma propriedade pouco concorrida podem criar uma imagem mais atraente na cabeça dos possíveis compradores fazendo pequenas mudanças que chamem a atenção para o potencial do imóvel. Por exemplo, mostrar as possibilidades de transformar o local num escritório ou um cantinho agradável para sua sogra ou afirmar que você poderá realizar seus sonhos com esse projeto de reforma.

A ênfase no potencial também pode ser muito útil para pessoas em busca de trabalho que tenham menos experiência no currículo do que os candidatos rivais. Aqui a recomendação é não focar na experiência, mas nas evidências positivas. Essa simples mudança será suficiente para conseguir a vaga? Não necessariamente, mas talvez abra caminho para uma reunião em que muitos outros insights deste livro podem ser usados, aumentando a probabilidade de um bom resultado.

CAPÍTULO 21

Que SMALL BIG pode nos ajudar a conduzir reuniões mais produtivas?

Se existir alguma verdade na frase "reuniões são eventos em que os minutos são roubados e as horas, desperdiçadas", há uma boa chance de você já ter saído de algumas reuniões se perguntando se algo de produtivo foi realizado. Há mais de 25 anos, os psicólogos Garold Stasser e William Titus publicaram um trabalho importante sobre a comunicação em grupos de tomadores de decisões. Embora o estudo tenha um quarto de século, os resultados continuam sendo relevantes.

Os psicólogos descobriram que grande parte das reuniões é dedicada à troca de informações conhecidas. Os indivíduos com informações realmente novas geralmente não conseguem expô-las ao grupo. Resultado: decisões comuns, na melhor das hipóteses, quando não medíocres.

Pesquisas mais recentes confirmaram o estudo. Vejamos, por exemplo, uma pesquisa realizada por James Larson Jr. e seus colegas com um grupo de médicos. Os médicos foram divididos em pequenos grupos para assistir aos vídeos de dois casos específicos, mas, sem eles saberem, cada grupo assistiu a um vídeo diferente. Além disso, alguns médicos receberam informações adicionais sobre cada caso. Ou seja, todos os médicos receberam *alguma* informação relevante sobre os dois cenários, mas nenhum deles recebeu *todas* as informações relevantes.

Depois de assistirem aos vídeos, os médicos deveriam discutir os dois casos e chegar a um consenso quanto ao diagnóstico e tratamento. Os pesquisadores, muito inteligentemente, criaram uma situação em que os médicos só chegariam a um diagnóstico e tratamento precisos se *todos* compartilhassem o que sabiam com os demais. Só que isso não acontecia e as decisões de tratamento, portanto, não correspondiam à realidade. Em suma, tudo mal.

O que fazer, então, para que as informações sejam compartilhadas de maneira eficaz? Aqui vão quatro formas de melhorar suas reuniões, no trabalho ou em casa.

A primeira pequena mudança que pode fazer uma grande diferença é pedir aos participantes que enviem as informações *antes* da reunião. Óbvio? Não é o que costuma acontecer na prática. No entanto, essa pequena mudança pode facilitar bastante a comunicação (sem interferências), principalmente quando o resultado desejado é a captação de novas ideias. Pedir às pessoas que mandem suas contribuições com antecedência aumenta o número de opiniões ouvidas, possibilitando a apresentação de mais ideias. Uma abordagem similar pode ser aplicada também às sessões de treinamento e reuniões de família. Por exemplo, quando estiver numa situação complicada em que a contribuição de cada membro do grupo é bem-vinda, em vez de pedir a todo mundo que apresente suas ideias e sugestões ao mesmo tempo, uma solução eficaz seria pedir que as pessoas reflitam primeiro em silêncio, anotem o que têm a dizer e depois apresentem o resultado ao grupo. Dessa forma, as boas ideias dos indivíduos mais quietos não serão sobrepujadas pelas ideias dos indivíduos que falam mais. A pequena mudança aqui é apenas alguns momentos de silêncio.

Uma segunda pequena mudança que pode fazer uma grande diferença é a pessoa que conduz a reunião falar sempre *por último*. De modo geral, o indivíduo que lidera uma reunião não tem noção de sua influência sobre o grupo. Se um líder de negócios, gerente ou a pessoa mais velha da família apresentar sua ideia primeiro, os membros do grupo normalmente tendem a concordar, fazendo que se percam ideias e insights possivelmente produtivos. Uma forma de evitar essa influência negativa é o líder solicitar a opinião dos outros antes de expor a sua.

Terceira: a checklist. Os médicos hoje em dia, para não tomarem decisões equivocadas e definirem coletivamente uma linha de ação, utilizam esse recurso. Atul Gawande conta no livro *Checklist: Como Fazer as Coisas Bem-feitas* que essas listas contêm itens muito óbvios, mas capazes de criar desastres se ignorados. É este mesmo o paciente? Onde está seu prontuário médico? Ele é alérgico a alguma substância? Qual seu tipo sanguíneo?

Do mesmo modo que os pilotos de avião consultam sua checklist antes da decolagem, a pessoa que organiza uma reunião tem muitos pontos a checar antes da reunião em si. As pessoas certas foram convocadas? O nível de expertise está equilibrado? Algum dos presentes se destacará positivamente?

Por fim, segundo uma recente pesquisa realizada por Juliet Zhu e J. J. Argo, pequenas mudanças na disposição das cadeiras podem fazer uma grande diferença em termos de foco. Por exemplo, o estudo revelou que a disposição circular ativa nossa necessidade de pertencer. Consequentemente, se estivermos sentados em círculo, maior a probabilidade de focarmos nos objetivos coletivos do grupo e de sermos atraídos por mensagens e propostas que visam o interesse comum dos participantes. Em caso de disposição angular (em L) ou quadrada, acontece o contrário. Essa disposição costuma ativar nossa necessidade de sermos únicos. Consequentemente, respondemos de modo favorável às mensagens e propostas de interesse pessoal, aumentando o individualismo.

As pesquisadoras chegaram à conclusão de que, se o objetivo da reunião for criar uma atmosfera de colaboração e cooperação entre as pessoas, a disposição circular será mais propícia. Portanto, o líder que quiser conduzir a equipe num sentido que dependa do trabalho em equipe deve realizar reuniões com as cadeiras dispostas em círculo, principalmente se houver alguém no grupo com fama de isolar-se.

Mas se o objetivo do líder for chamar a atenção da equipe para a responsabilidade individual, a disposição angular (quadrada ou retangular) será a melhor opção.

Evidentemente, muitas reuniões requerem elementos de trabalho em equipe e responsabilidade pessoal. A solução, nesse caso, é mudar a disposição das cadeiras durante a reunião. Por exemplo: um conferencista pode começar uma reunião com as pessoas sentadas em círculo, pela necessidade de cooperação e trabalho conjunto e depois mudar para a disposição angular para falar de assuntos que requeiram atenção individual. Outra pequena mudança que o organizador da reunião pode fazer é estabelecer lugares específicos para os participantes, em vez de deixar que se sentem onde quiserem (lembre-se: os semelhantes se atraem). Como qualquer cerimonialista de casamento confirmará, as pessoas ficam automaticamente dóceis e obedientes quando veem seu nome num cartão em cima da mesa.

CAPÍTULO 22

Que *SMALL BIG* pode nos ajudar a andar vestidos para o sucesso?

Foram várias semanas, talvez meses, de trabalho árduo e persistência, mas parece que seus esforços finalmente estão dando resultados. O telefone toca. É o assistente pessoal daquele importante (e possivelmente lucrativo) cliente novo. A ligação é para confirmar uma reunião para a semana seguinte. Você se permite um momento de autocongratulação antes de começar a se preparar para o compromisso. Não é fácil conseguir uma reunião dessas e, provavelmente, você só terá uma chance de causar boa impressão. Você quer transmitir a imagem de uma pessoa confiável, verdadeira, simpática, acessível e influente. O que vestir?

Por muitos anos, os cientistas da persuasão estudaram os efeitos do vestuário na probabilidade de alguém ser influenciado. O psicólogo social Leonard Bickman talvez seja mais conhecido por seus estudos sobre o poder de influência das pessoas bem-vestidas. Em grande parte de suas experiências, um pesquisador parava alguém na rua e lhe pedia algum favor, como pegar um pedaço de papel no chão, ficar parado num lugar específico perto do ponto de ônibus ou, nosso favorito, dar moedas para pagar o estacionamento de uma pessoa completamente desconhecida.

Em cada caso, Bickman modificava apenas a roupa do pesquisador. Às vezes, o pesquisador vestia roupas casuais, às vezes um uniforme, como o dos guardas de segurança. Curiosamente, em pesquisas anteriores aos estudos de campo, a maioria dos participantes respondeu que não acreditava no poder de influência de um pesquisador uniformizado. Mas os resultados mostraram um cenário totalmente diferente: o número de pessoas que atenderam ao pedido do pesquisador de uniforme foi o *dobro* do número de pessoas persuadidas pelo pesquisador à paisana.

Estudos mais recentes chegaram a resultados similares. Uma pesquisa realizada no Reino Unido, por exemplo, revelou que as pessoas costumam se lembrar mais de mensagens transmitidas por profissionais de saúde usando estetoscópio (só pendurado no pescoço mesmo) do que por profissionais sem estetoscópio. Além de ser um instrumento de diagnóstico, o estetoscópio, pelo visto, também dá credibilidade ao médico.

Segundo os estudos, vestir um terno executivo produz o mesmo efeito de persuasão. Em determinado experimento, verificou-se que o número de pessoas dispostas a seguir o exemplo de um homem que atravessa a rua desrespeitando a sinalização (e a lei) é 350% maior se ele estiver usando terno em vez de roupas casuais.

É interessante observar que, em todos esses estudos e pesquisas relacionadas, a roupa do pesquisador influenciou o comportamento das pessoas por um motivo muito simples: não havia nenhuma outra informação relevante sobre a qualificação do pesquisador. A conclusão aqui é clara: ao encontrarmos alguém pela primeira vez, precisamos nos vestir de maneira condizente com nosso nível, em termos de experiência e know-how.

Tal conclusão está em consonância com um princípio fundamental da ciência da persuasão: a autoridade. Autoridade é o princípio que faz que as pessoas, principalmente se estiverem inseguras, sigam o conselho e as recomendações daqueles que julgam terem mais conhecimento e respeitabilidade. Mas no caso das reuniões de negócio, a questão não é tão óbvia. Com o advento de diferentes normas de vestuário, desde o executivo formal até o estilo casual (com diversos outros estilos no meio), talvez seja mais eficaz basear-se em outro poderoso motivador das decisões humanas: a *afinidade*.

Em capítulos anteriores, comentamos que uma boa forma de persuadir as pessoas é chamar atenção para pontos em comum entre elas. Que melhor maneira de fazer isso do que descobrir a norma de vestuário de um grupo específico e vestir-se a caráter no dia da reunião? Mas, de novo, esse método também tem seus inconvenientes. E se a norma de vestuário não tiver a ver com você? Você estará sendo autêntico seguindo esse padrão? Mesmo que sim, será que o lado positivo da afinidade não pode gerar um problema de autoridade e credibilidade? Afinal, você estará igual a todo mundo.

Em poucas palavras, o que é mais eficaz como estratégia de persuasão: a autoridade ou a afinidade? Existe alguma resposta objetiva?

Infelizmente, não sabemos de nenhuma pesquisa que responda diretamente a essa pergunta. No entanto, com base na ciência da persuasão, diríamos que um caminho mais garantido é usar elementos das duas abordagens. Isso significa que, em certas situações, devemos nos vestir num estilo semelhante ao da pessoa ou grupo que queremos influenciar, mas num nível acima: uma gravata a mais ou um blazer, por exemplo, num escritório em que os colaboradores se vestem de maneira mais descontraída pode fazer toda a diferença.

CAPÍTULO 23

Que PEQUENA mudança pode ter um GRANDE impacto na apresentação das credenciais de sua equipe?

De modo geral, o propósito de um comunicador é criar e transmitir mensagens capazes de alterar atitudes, decisões ou comportamento de seu interlocutor. A pergunta que não quer calar é: como fazer isso da melhor maneira possível?

Embora os psicólogos sociais tenham apresentado insights importantes sobre esse assunto ao longo dos anos, um dos mais valiosos é o de Anthony Greenwald, com seu "modelo de resposta cognitiva", que representa uma mudança sutil, mas fundamental na maneira de encarar a persuasão. De acordo com o modelo de Greenwald, a melhor indicação do poder de mudança de uma mensagem *não* reside em seu conteúdo em si, mas no que a pessoa que recebe a mensagem dirá a si mesma.

No trabalho de identificação das mudanças que podem ser feitas numa mensagem para gerar os melhores resultados em termos de persuasão, pesquisadores, tradicionalmente, focaram em elementos como clareza, estrutura, lógica etc., porque achavam que a compreensão da mensagem por parte do receptor era essencial para a persuasão. Apesar de ser verdade, o modelo de resposta cognitiva vai além, propondo que a mensagem em si não é estritamente responsável pela mudança. A causa direta de qualquer mudança é resultado de outro fator: o monólogo interno; as respostas cognitivas que nos damos depois de sermos expostos à mensagem. Em outras palavras, o que dizemos a nós mesmos depois de recebê-la.

Inúmeras pesquisas respaldam esse modelo. Por exemplo, num dos experimentos de persuasão de Anthony Greenwald, as mudanças de atitude dos participantes em relação a determinado tema não estavam tão vinculadas ao que lembravam da mensagem persuasiva, mas aos comentários que fizeram na ocasião.

Então, quais as implicações dessa visão na hora de aventurar-se pelos caminhos da persuasão? Imagine, por exemplo, que você quer escrever uma carta para os habitantes de sua cidade defendendo a redução dos limites de velocidade nas estradas. A implicação mais óbvia é que seria insensato escrever uma carta sem considerar o que as pessoas deverão dizer a si mesmas em resposta à carta.

Que pequenas medidas tomar para produzir grandes efeitos em termos de eficácia de comunicação? Primeiro, é importante pensar em como estimular os leitores a enxergar de maneira positiva todos os aspectos da carta. Isso significa que, além dos componentes básicos de uma mensagem – como força e lógica dos argumentos –, devemos também levar em consideração uma série de fatores totalmente diferentes, capazes de provocar respostas positivas. Uma ideia é esperar para enviar a carta até ser noticiado um aumento no número de acidentes nas estradas – assim, quando a carta chegar, nossa mensagem será validada pelos acontecimentos e ganhará força. Outra forma de obter mais respostas favoráveis é imprimir a carta em papel de alta qualidade, num lugar especializado em impressões, porque as pessoas tendem a achar que quanto mais cuidado e dinheiro um comunicador investe numa campanha, mais ele acredita no que está defendendo.

De qualquer maneira, mais importante do que buscar respostas positivas para nossas mensagens, uma questão simples, porém relevante, que devemos considerar é: como evitar a reflexão negativa – sobretudo na forma de contra-argumentos ao que estamos expondo.

Os pesquisadores da ciência da persuasão já comprovaram que os contra-argumentos internos a uma mensagem podem acabar com sua eficácia. Por isso, é bom incluir na carta a opinião de um especialista em segurança no trânsito, confirmando que limites de velocidade mais altos aumentam o número de fatalidades automobilísticas.

Estudos recentes de mapeamento cerebral conduzidos por Jan Engelmann, Monica Capra, Charles Noussair e Gregory Berns explicam por que uma medida tão simples funciona. Participantes de um experimento receberam a tarefa de fazer uma série de escolhas financeiras complexas – algumas com o conselho de um especialista (um importante economista). Quando havia a opinião do economista, as escolhas dos participantes eram fortemente influenciadas por ela. O motivo revelou-se nas áreas ativadas do cérebro. Na presença do conselho do especialista, as áreas relacionadas ao pensamento crítico e à contra-argumentação permaneceram praticamente inalteradas.

Essas descobertas ajudaram a explicar por que os comunicadores experientes são tão eficazes. Não é que a autoridade de um especialista, combinada com outros fatores importantes, desequilibra a balança a favor de uma escolha. Na verdade, a opinião de um expert sobrepuja todos os outros fatores, principalmente quando estamos inseguros – chegando a bloquear a consideração desses fatores. Nas palavras de um dos autores do estudo, referindo-se à importância dessas descobertas frente ao modelo tradicional de tomada racional de decisões: "Segundo a visão de mundo tradicional, as pessoas pedem conselhos, ponderam com suas próprias informações e chegam a uma decisão. Se isso fosse verdade, teríamos visto atividade cerebral nas áreas relacionadas à tomada de decisões. Mas o que constatamos foi que, quando há a interferência da opinião de um especialista, não ocorre atividade cerebral nessas áreas".

Podemos tirar desses estudos duas lições fundamentais para a eficácia da persuasão. Primeiro, como as pessoas costumam submeter-se ao conselho de especialistas e abandonar inconscientemente seu poder de contra-argumentação e pensamento crítico, os comunicadores que tiverem acesso a informações relevantes que sirvam de respaldo para sua mensagem devem utilizar essas informações

QUE PEQUENA MUDANÇA PODE TER UM GRANDE IMPACTO NA APRESENTAÇÃO DAS CREDENCIAIS DE SUA EQUIPE?

logo no início. Além disso, é importante apresentar as credenciais dos outros membros de sua organização com quem seu público-alvo interage. Embora seja um ato simples, muitos comunicadores se esquecem de apresentar suas credenciais e as de seus colegas antes de procurar influenciar alguém. Mas quando lembrarem, os resultados podem ser impressionantes.

Veja, como exemplo, um problema que acomete grande número de postos de saúde: incapacidade de suprir o excesso de demanda. Frente a uma questão dessas, a resposta imediata e óbvia é aumentar a capacidade. No entanto, além de ser uma medida cara, a demanda costuma acompanhar o aumento da capacidade, conforme atestarão as organizações de serviço. Médicos recém-formados no Reino Unido (e no mundo inteiro) trabalham em diversos hospitais e postos de saúde após a formação, aumentando consideravelmente a capacidade de atendimento desses lugares. Os pacientes, contudo, mostram-se relutantes em serem atendidos por esses médicos menos experientes, preferindo esperar por um médico residente. Aí é que está. Como os médicos são recém-formados e estudaram nas melhores universidades do país, eles têm as últimas informações do mundo da medicina, devendo ser apresentados aos pacientes como uma ótima opção. Pode haver muita demanda no sistema de saúde, mas também há bastante capacidade subutilizada. Para desfazer o desequilíbrio, alguns postos de saúde decidiram promover as qualidades desses médicos, apresentando seus pontos fortes e até sua foto. O pessoal da recepção também teve seu papel, substituindo a resposta típica "Posso encaixá-lo com o médico de plantão" (o equivalente a ter aulas com um professor substituto) por uma resposta muito mais animadora: "Posso conseguir para você uma consulta com um médico excelente, que começou a trabalhar aqui logo após se formar pela melhor universidade do país". Essas pequenas mudanças, relativamente baratas, geraram uma dinâmica totalmente nova no equilíbrio entre demanda e capacidade. O tempo de espera por consultas diminuiu em alguns lugares (em 50% na maioria dos casos) e não por causa de uma grande mudança de sistema, mas por uma mudança contextual.

Além de apresentar suas credenciais e as credencias dos membros de sua equipe, é importante respaldar essa apresentação com informações verdadeiras quanto a formação, experiência e habilidades, sem exageros. Se exagerarmos no currículo e acabarmos decepcionando por não dominar tudo o que alegamos possuir, provavelmente perderemos a capacidade de promover nossa expertise de maneira convincente no futuro, independentemente do que tenhamos dito.

CAPÍTULO 24

Que SMALL BIG inesperado pode fortalecer um especialista inseguro?

No último capítulo, vimos que promover nosso know-how antes de apresentarmos uma mensagem ou proposta faz muita diferença na reação das pessoas. Há mais de dois mil anos, o poeta romano Virgílio oferecia um conselho simples: "Acredite em especialistas". Conforme demonstrado pelos estudos de mapeamento do cérebro de Jan Engelmann e seus colegas, esse conselho continua atual e mais importante ainda, aliás. Todos os dias somos bombardeados por informações, tanto na vida profissional quanto na vida pessoal. Nesse contexto de excesso, procuramos atalhos para tomar decisões, como a opinião de especialistas. Por isso, não é de se espantar que aqueles que possuem conhecimento exerçam tanta influência sobre os outros.

Felizmente, não faltam especialistas dispostos a ajudar. O mundo dos negócios é um bom exemplo, com um sem-número de especialistas ávidos por indicar as escolhas certas para as empresas. O mesmo acontece em nossa vida pessoal. Consultores financeiros, munidos das últimas informações de investimento; *coaches* parentais, dotados das mais modernas técnicas de educação dos filhos; e personal trainers, com dicas atualizadas de como se manter em forma e saudável, há aos montes.

Ironicamente, no mundo sobrecarregado de informações de hoje, precisamos de especialistas para nos ajudar. Porém, existe um excesso de especialistas, todos afirmando que seu conselho é o que devemos seguir. Nesse mundo saturado, como escolher a pessoa certa? Talvez devamos dar ouvidos aos especialistas que pareçam mais confiantes. Afinal de contas, sabemos que os especialistas mais confiantes costumam convencer mais gente, certo? Na verdade, nem sempre!

Segundo os pesquisadores de mercado Zakary Tormala e Uma Karmarkar, nem sempre os conselhos e recomendações dos especialistas mais confiantes são os que serão ouvidos. Ao contrário, seus estudos revelam que os conselhos e recomendações mais convincentes são aqueles de especialistas inseguros, sobretudo nos casos em que não há uma resposta clara.

Em um dos estudos de Tormala e Karmarkar, os clientes leram uma matéria positiva sobre um novo restaurante chamado Bianco's. Metade dos clientes recebeu a informação de que o artigo foi escrito por um crítico gastronômico famoso e a outra metade de que o texto foi retirado do blog de uma pessoa qualquer: um blogueiro cuja alimentação se resumia a fast-food. Como você já deve imaginar (e confirmando uma série de pesquisas anteriores), as pessoas que leram a matéria do crítico famoso foram muito mais influenciadas pelo texto do que as pessoas que leram a opinião do blogueiro desconhecido. Mas os pesquisadores não pararam por aí.

Além de variar a qualificação do crítico, também incluíram variações no texto, em termos de segurança quanto à própria opinião. Por exemplo, um dos textos, de um crítico seguro, dizia: "Jantei lá. Nota dez.". O outro, de um crítico menos seguro, dizia: "Como só comi lá uma vez, não posso garantir, mas, por enquanto, dou nota dez para o lugar."

As pessoas que leram o artigo do crítico inseguro mostraram-se bastante favoráveis ao restaurante, expressando o desejo de frequentá-lo – muito mais do que os participantes que leram a matéria do especialista seguro ou o texto do blogueiro desconhecido. A crítica era sempre a mesma. Só o que mudava era o grau de confiança do autor.

Tormala e Karmarkar explicaram que, como geralmente esperamos que os especialistas sejam seguros em relação ao que dizem, quando demonstram insegurança, sentimo-nos atraídos por suas palavras. A experiência do especialista somada a certa dose de insegurança parece-nos *intrigante*. Consequentemente, e considerando que os argumentos do especialista ainda estejam relativamente errados, essa *atração* pelas características de uma mensagem pode, na verdade, aumentar a eficácia da persuasão.

Eis uma importante lição para os comunicadores que desejarem aumentar o poder de persuasão de suas mensagens. É fácil ocultar pequenas dúvidas, inseguranças ou incertezas, acreditando que um pequeno detalhe pode estragar tudo. No entanto, em situações em que não existe uma resposta única, certo grau de insegurança, em vez de estragar, pode ajudar bastante. Ou seja, um consultor de negócios com o objetivo de persuadir um tomador de decisões, em vez de encobrir pequenas incertezas sobre determinada recomendação, deve expô-las, sabendo que podem, na verdade, aumentar seu poder de persuasão – isso se o argumento for convincente, claro. Tal estratégia oferece outra vantagem: o desenvolvimento da credibilidade.

CAPÍTULO 25

Que SMALL BIG pode impedir que você se torne o elo mais fraco?

Desde que foi ao ar, o programa de perguntas e respostas *Weakest Link* cresceu rapidamente, tornando-se um sucesso mundial, sendo transmitido para dezenas de países. O jogo em si requer conhecimento e perspicácia. Nas primeiras rodadas, os participantes respondem a perguntas para acumular dinheiro. No final de cada rodada, porém, um participante é eliminado por votação. No final, sobram dois participantes, que disputam pelo prêmio. Para vencer, os jogadores precisam ter uma estratégia bem-definida, muita calma e, claro, um bom nível de conhecimento – atributos que qualquer pessoa do mundo dos negócios considerará importante. Mas existe outro fator importante, embora menos óbvio, capaz de ajudar a vencer o jogo?

Ao analisar alguns episódios de *Weakest Link*, as cientistas sociais Priya Raghubir e Ann Valenzuela descobriram que os participantes que ocupavam as duas posições centrais no semicírculo do programa tinham muito mais probabilidade de vencer que os outros participantes. Em outras palavras, não bastava ter estratégias, nervos de aço e conhecimento para vencer. A posição do participante também fazia diferença.

As pesquisadoras verificaram que essa pequena mudança de lugar não é importante somente em programas de televisão. Segundo os estudos, quem ocupa uma posição próxima à posição central – por exemplo, um recrutador numa entrevista ou executivos numa reunião – tem maior influência sobre os outros. Por quê? De acordo com Raghubir e Valenzuela, um grande motivo são as associações e crenças dos observadores de que as pessoas mais importantes *devem* ficar no meio. Pense na noiva e no noivo numa festa de casamento, um CEO numa reunião de diretoria e o atleta que ganhou medalha de ouro nas Olimpíadas.

Além de esperarmos que as pessoas importantes fiquem "no meio", existem evidências inquietantes de que, devido à posição central, tendemos a prestar menos atenção aos erros que cometem. Essas descobertas têm implicações para reuniões com líderes, que podem considerar uma proposta feita às pressas menos insatisfatória se ela vier de alguém que – devido à posição em que está sentado – é literalmente o "centro das desatenções".

Evidentemente, nas situações em que você quer apresentar sua ideia ou proposta, considerando que é uma ideia/proposta boa, uma pequena mudança que você pode fazer para intensificar seu poder de influência é simplesmente sentar numa posição central. E quando for falar como grupo, o ideal é que a pessoa do meio apresente o que quereremos que o público aceite.

Essa pesquisa não é a única a mostrar a importância da posição das pessoas numa reunião. Outros estudos revelam que esse planejamento pode ser fundamental na hora de apresentar produtos e serviços. Em um dos estudos realizados para confirmar a hipótese, os participantes deviam escolher um chiclete dentre três chicletes diferentes. Mesmo mudando a disposição dos chicletes, os pesquisadores verificaram que o chiclete do meio era, disparado, o mais escolhido. Os pesquisadores, então, aumentaram o número de opções para cinco e fizeram o teste com outros produtos além de chiclete (todos com o mesmo preço). O resultado foi igual: *a opção do centro era sempre a mais escolhida.*

Embora essa descoberta pareça intuitiva para alguns, diríamos que o caso não tem nada de intuitivo. Ao contrário do que muita gente pode pensar, o motivo pelo qual a opção do meio é escolhida com mais frequência não tem tanto a ver com o fato de a atenção ser atraída para essa posição ou de ser mais fácil lembrar dos produtos colocados no centro.

O fato de o produto posicionado no meio ser o mais escolhido deve-se à crença de que os produtos centralizados foram colocados nessa posição *de propósito*, por serem os mais populares. Comentamos, em capítulos anteriores, que quando alguém não tem certeza do que escolher, a opção mais atraente será a mais popular. Repare que, nesse estudo, o que indicava a popularidade do produto não eram informações sobre ele, mas sua posição dentro de uma série de produtos.

Essa explicação serve para os fabricantes de produtos realmente populares não perderem seu poder de influência por causa de políticas de posicionamento de produtos na prateleira, determinadas por gerentes de loja possivelmente subornáveis. Os fabricantes podem estampar os dizeres "O mais vendido" ou "O mais popular" diretamente na embalagem de seus produtos, indicando, sem faltar com a verdade, qual das marcas constitui "o elo mais forte" da popularidade, não importa onde os produtos sejam colocados.

CAPÍTULO 26

Que SMALL BIG pode incentivar mais pensamentos criativos?

Muitas pesquisas demonstraram a incrível influência que o meio pode ter em nossas decisões e comportamento. Por exemplo: costumamos comer menos no bufê se os pratos forem menores, damos mais gorjeta para o garçom se a conta vier numa bandeja com um logotipo de cartão de crédito e votamos de modo mais conservador se a urna de votação estiver numa igreja em vez de numa escola.

Em cada um desses exemplos, as decisões tomadas não foram resultado de uma solicitação direta, mas de uma característica do meio, que *ativou* uma mudança de comportamento automática e inconsciente.

Além de influenciar no voto pelo local de votação ou reduzir o consumo de calorias pelo tamanho do prato (atenção, políticos e nutricionistas), que outras oportunidades existem de gerar grandes diferenças com pequenas mudanças no ambiente? Por exemplo, numa reunião de negócios.

Muitas organizações realizam reuniões para compartilhar melhores práticas, estimular novas ideias e incentivar novas formas de pensar. Quem já esteve numa reunião assim há de concordar que diversos fatores do meio podem influenciar no sucesso da reunião, desde o número de pessoas presentes (incluindo os traços de personalidade de cada participante) até a qualidade da comida e a bebidas que são oferecidas. Mas será que existe mais alguma coisa que possa influenciar na criatividade de uma equipe?

As pesquisadoras Joan Meyers-Levy e Juliet Zhu acreditam que o pé-direito de uma sala pode ter efeito *ativador*, fazendo que as pessoas pensem de modo mais conceitual e criativo nesse tipo de ambiente e de modo mais específico e limitado em ambientes de pé-direito baixo.

Para testar a ideia, realizaram estudos em que os participantes deviam resolver uma série de anagramas. Um grupo foi colocado numa sala com pé-direito baixo (2,45 metros) e o outro, numa sala com pé-direito alto (3 metros). Alguns anagramas estavam relacionados ao conceito de liberdade e criatividade – com palavras como *livre, ilimitado* e *emancipação* – e outros, ao conceito de confinamento – com palavras como *restrito, limitado* e *preso*.

As pesquisadoras verificaram que na sala de pé-direito alto os participantes resolveram os anagramas relacionados ao conceito de liberdade mais rápido que os anagramas relacionados ao conceito de confinamento. Na sala de pé-direito baixo aconteceu o contrário: os anagramas relacionados ao conceito de confinamento foram resolvidos mais rápido. Um estudo posterior revelou que os participantes da sala de pé-direito alto conseguiram fazer associações entre ideias abstratas – um elemento fundamental do pensamento criativo – com muito mais facilidade do que os participantes da sala de pé-direito baixo.

Na hora de organizar reuniões, workshops ou programas de treinamento que requeiram pensamento criativo, uma pequena mudança que você pode fazer, segundo os estudos, é escolher um local com pé-direito alto. As chances de o grupo pensar de maneira menos limitada aumentam nesse contexto.

Em contrapartida, se você deseja marcar uma reunião para resolver um assunto específico, sem a necessidade de novas ideias, mas de planos concretos, a melhor opção é escolher uma sala com pé-direito baixo. Se sua reunião requer que as pessoas pensem primeiro de modo mais criativo sobre novas ideias e depois, de modo mais específico sobre como colocar essas ideias em prática, reservar duas salas, apesar de ser um pouco mais caro, pode valer o investimento.

E se a próxima reunião for uma reunião de negociação, em que o objetivo é o lucro, não as ideias? Será que o ambiente pode influenciar no comportamento das pessoas, interferindo no resultado da negociação? Por exemplo, será que somos mais persuasivos numa negociação conduzida em nosso próprio escritório, em vez de num lugar menos conhecido?

No próximo capítulo, abordaremos as possíveis respostas da ciência da persuasão para essas perguntas.

CAPÍTULO 27

Que PEQUENA mudança de local pode gerar GRANDES diferenças em nossas negociações?

Em 1989, no fim da Guerra Fria, dois navios ao largo da costa de Malta – o navio soviético *Maxim Gorky* e o cruzador americano *Belknap* – serviram de local para a reunião de cúpula de Malta entre o presidente dos Estados Unidos, George H. W. Bush, e o presidente da URSS, Mikhail Gorbachev. Em 1995, o Acordo de Dayton foi assinado depois que a Bósnia e a Herzegovina estabeleceram um tratado de paz na Base Aérea Wright-Patterson, perto de Dayton, Ohio. A prática de procurar territórios "neutros" para negociar não é uma novidade, remontando muitos séculos atrás – por exemplo, o Tratado de Tilsit, entre Napoleão I da França e o Czar Alexandre I da Rússia, foi assinado numa balsa, no meio do rio Neman.

Vale ressaltar que esse costume de negociar em territórios neutros não se limita às negociações de paz entre nações. Os representantes sindicais, por exemplo, procuram realizar reuniões em ambientes imparciais, preferindo salas de conferência em hotéis a sedes de empresa.

No último capítulo, vimos que uma pequena mudança no pé-direito de uma sala já pode influenciar na criatividade das pessoas. Mas e se o propósito de sua próxima reunião de negócios for gerar *resultados comerciais* em vez de *ideias*? Será que uma pequena mudança de local pode fazer a diferença nas negociações? Se a reunião for realizada em seu escritório, em vez de num lugar menos conhecido. Em outras palavras, existe mesmo "vantagem em jogar em casa"?

Um torcedor de futebol garantirá que sim. Quando o time joga em casa, todo mundo espera um desempenho melhor da equipe. Aliás, não é necessário nem acreditar na resposta do torcedor. Existem provas nesse sentido. Em praticamente todo esporte, se todos os outros fatores forem iguais, os times que jogam em casa ganham com mais frequência.

Os cientistas comportamentais Graham Brown e Markus Baer decidiram investigar, no mundo dos negócios, o que a maioria dos torcedores já sabe intuitivamente no mundo dos esportes. O primeiro passo foi recrutar duplas para participar de negociações contratuais, uma pessoa desempenhando o papel do comprador, e a outra, o papel do fornecedor. Para reproduzir o que acontece na vida real, grande parte da negociação girava em torno do preço, com os compradores querendo pagar o mínimo possível, e os fornecedores querendo cobrar o máximo possível.

Os pesquisadores utilizaram uma metodologia inteligente para determinar quem representava o "time de casa" e quem representava o "time visitante" – em outras palavras, se os negociadores estavam em território próprio ou eram visitantes em território adversário. Cada participante "jogando em casa" tinha a oportunidade de personalizar o ambiente de negociação, ou seja, colocar uma placa com seu nome na porta do escritório, escolher em que cadeira sentar, pendurar pôsteres e cartazes nas paredes, exibir detalhes dos próximos eventos nos murais e abrir a sala.

Enquanto os participantes "de casa" arrumavam o escritório, os participantes "de fora" esperavam em outro lugar, sendo informados de que as negociações aconteceriam no escritório do adversário, que ele tinha para um propósito totalmente diferente. Tudo pronto, os "visitantes" foram chamados.

Confirmando a vantagem de jogar em casa do âmbito esportivo, os pesquisadores verificaram que os indivíduos que negociaram em seu próprio território tiveram um desempenho superior ao dos visitantes, fossem eles compradores ou vendedores na negociação. Isso significa que, para ser um negociador persuasivo, uma escolha aparentemente pequena, como o ambiente de negociação, pode ter um impacto muito maior do que imaginamos.

Por que isso? Num estádio esportivo, os gritos de 50 mil torcedores podem contribuir para a performance do time, além de influenciar nas decisões do árbitro, mas nenhum desses fatores tem importância em outro contexto. Ao contrário, e em consonância com os estudos de pé-direito descritos no capítulo anterior, é o *ambiente da negociação* que importa. Em comparação com um território neutro, negociar "em casa" aumenta nossa confiança, enquanto negociar "fora de casa" a diminui.

Portanto, na próxima vez que você for convidado para negociar no território do adversário, sugira um território neutro. Melhor ainda: peça para que venham ao *seu* escritório. Além de você ter mais chance de conseguir melhores resultados, seus colegas, assim como qualquer torcida de casa, poderão vibrar com seu sucesso.

CAPÍTULO 28

Que SMALL BIG pode aumentar nossa força e nosso poder de persuasão?

Em capítulos anteriores, exploramos a ideia de que certas características de um ambiente ou meio podem ter um profundo impacto em nosso comportamento. Somos mais criativos em ambientes com pé-direito alto, por exemplo, porque o espaço nos ajuda a pensar, mesmo sem percebermos, de maneira menos restrita. Estudantes universitários avaliam seus professores de modo mais positivo se receberem antes uma bebida quente (ao invés de fria), como se o calor da bebida aquecesse seu coração. E os negociadores costumam conseguir resultados mais favoráveis quando estão negociando em território próprio.

Em todos esses exemplos, as pequenas mudanças realizadas no ambiente ou contexto foram planejadas por um terceiro, que reconheceu a grande influência que pode exercer sem que as pessoas percebam o que está acontecendo. Mas e se sua meta for influenciar seu próprio comportamento? Por exemplo, a pessoa está procurando emprego. Que pequenas mudanças pode fazer para melhorar seu desempenho numa entrevista, aumentando suas chances de contratação?

Segundo os cientistas comportamentais Joris Lammers, David Dubois, Derek Rucker e Adam Galinsky, uma pequena mudança que o candidato a uma vaga de emprego poderia fazer é simplesmente pensar num momento em que ele se sentiu poderoso. Os pesquisadores realizaram uma série de estudos para testar suas ideias.

Em um dos experimentos, os participantes foram divididos em entrevistadores e candidatos. Antes de começarem as entrevistas, os participantes no papel de candidatos foram divididos em dois grupos e convidados a uma atividade preliminar, que os ajudaria a ter mais facilidade na hora de escrever sobre si mesmos. Metade dos candidatos deveria escrever sobre uma experiência em que se sentiram poderosos; a outra metade, sobre uma experiência em que se sentiram impotentes.

Depois de convenientemente encorajados a sentimentos de poder ou impotência, os candidatos leram um anúncio oferecendo uma vaga de analista de vendas, publicado pouco tempo antes, no jornal do país. Os pesquisadores pediram que os candidatos imaginassem que tinham a formação e a experiência necessárias para o cargo e escrevessem uma carta solicitando o trabalho. Em seguida, as cartas foram colocadas num envelope, fechadas e entregues a um assistente.

Essas cartas foram distribuídas aleatoriamente aos entrevistadores, que, só para lembrar, não sabiam da missão que os candidatos tinham recebido para escrever. Os entrevistadores foram instruídos a ler atentamente as cartas, formar uma opinião do candidato e dizer quem contratariam.

Os candidatos do grupo poderoso tiveram muito mais sucesso que os candidatos do grupo impotente, confirmando que o pequeno ato de escrever sobre um sentimento faz uma grande diferença no resultado.

Mas alguém poderia argumentar que esse experimento mediu somente o impacto de uma pequena mudança numa solicitação escrita. É improvável que uma pessoa consiga um emprego com base apenas numa carta, por mais bem-escrita que seja. Os pesquisadores também pensaram nisso. Reconhecendo que as decisões finais sobre quem contratar se dão somente após a entrevista pessoal, eles realizaram outro experimento, em que os candidatos participavam de uma entrevista de 15 minutos, almejando uma vaga numa escola de negócios.

A estrutura foi exatamente igual à do experimento anterior, mas com um elemento adicional. Além dos dois grupos que escreviam sobre sentimentos de poder ou impotência, os pesquisadores incluíram um terceiro grupo, como grupo de controle, que não escreveu nada.

Depois das entrevistas, os recrutadores avaliavam o poder de persuasão dos candidatos e diziam se iam contratá-los ou não. Em consonância com os resultados do primeiro experimento, escrever sobre um momento em que o indivíduo se sentiu poderoso teve um grande impacto no poder de persuasão do candidato junto ao entrevistador. Comparados com os candidatos do grupo de controle, os candidatos poderosos foram considerados mais persuasivos, e os candidatos impotentes, menos persuasivos. Foram essas diferenças de persuasão que acabaram influenciando no resultado final, e as diferenças não foram pequenas.

Menos da metade dos candidatos do grupo de controle entrevistados foi aceita. Apenas 26% dos candidatos que escreveram sobre um momento de impotência foram aceitos. Agora, compare com a aceitação de quase 70% dos candidatos que escreveram sobre um momento em que se sentiram poderosos!

Dito de outra forma, a lembrança do poder aumentou as chances de aceitação em 81% em comparação com o grupo de controle e em 162% em comparação com o grupo impotente.

Além de uma pequena mudança óbvia que você pode fazer na hora de candidatar-se a um novo cargo ou apresentar uma proposta para um novo cliente, esses estudos têm grandes implicações para agências de recrutamento e emprego, que podem ajudar os candidatos a alcançar melhores resultados nas entrevistas incentivando-os a escrever sobre momentos em que se sentiram poderosos. Tal medida pode ser especialmente importante para quem ficou desempregado por um bom tempo. Uma observação: esse exercício deve ser feito no momento certo, que no caso de uma entrevista de emprego é um pouco antes da entrevista, não horas nem dias antes.

As pesquisadoras Dana Carney, Amy Cuddy e Andy Yap realizaram estudos que indicam outra forma de fazer que as pessoas se sintam mais poderosas: fazer com que elas adotem uma postura física de poder. Carney e suas colegas perceberam que existem duas dimensões de linguagem corporal relacionadas à ideia de poder: expansividade (o espaço que o corpo ocupa) e abertura (se os braços e pernas ficam abertos ou fechados). Enquanto os indivíduos poderosos costumam assumir uma postura expansiva e aberta, os indivíduos com pouco poder costumam ser mais retraídos e fechados.

No estudo, as pesquisadoras disseram aos participantes que vieram ao laboratório que o experimento havia sido criado para testar a influência de eletrodos colocados em diferentes lugares do corpo nos registros fisiológicos. Na verdade, Carney e suas colegas inventaram essa história como pretexto para que os participantes assumissem diferentes posturas. As pesquisadoras verificaram que os participantes solicitados a assumir uma postura mais expansiva e aberta (por exemplo, inclinados sobre uma mesa com as mãos apoiadas no tampo ou recostados numa cadeira, com as mãos na cabeça e os pés na mesa) sentiram-se muito mais poderosos do que os participantes solicitados a assumir uma postura mais retraída e fechada (por exemplo, sentados numa cadeira com as pernas e os braços cruzados).

O mais fascinante é que os participantes que adotaram posturas de poder apresentaram níveis mais elevados de testosterona (hormônio relacionado ao domínio) e menos cortisol (hormônio relacionado ao estresse). Essa pesquisa mostra que uma pequena mudança – a posição do corpo – pode fazer uma grande diferença, não só em termos psicológicos, como também fisiológicos.

Isso significa que a recomendação é colocar os pés em cima da mesa numa entrevista de trabalho? Claro que não. Mas o estudo revela que se você fizer isso numa reunião por telefone ou um pouco antes da entrevista pessoal, você se sentirá mais confiante, e essa confiança pode ser a pequena mudança que faltava para você conseguir o trabalho que tanto queria.

CAPÍTULO 29

Por que o amor talvez seja o único *SMALL BIG* de que precisamos?

No dia 25 de junho de 1967, cerca de 400 milhões de pessoas do mundo inteiro assistiram, pela primeira vez na história, a uma transmissão de TV ao vivo, via satélite. Durante duas horas e meia, o programa *Our World* exibiu artistas de quase 20 países, numa mistura eclética de performances, apresentando desde cantoras de ópera e corais até vaqueiros, entremeadas com segmentos educativos que explicavam o funcionamento do sistema ferroviário subterrâneo de Tóquio e do relógio mundial. Foi o encerramento da transmissão, contudo, que ficou na memória dos telespectadores.

Em resposta ao pedido da British Broadcasting Corporation (BBC) de apresentar uma música cuja mensagem fosse entendida por todos, os Beatles executaram "All you need is love". Como a transmissão ocorreu no auge da Guerra do Vietnã, houve quem especulasse que a canção era uma tentativa não tão sutil de John Lennon de utilizar a arte como propaganda antibélica. De qualquer maneira, independentemente das motivações ocultas do tema, algumas pessoas apontaram, com o respaldo de Lennon, para o poder de conexão e cura do amor.

Como cientistas e praticantes da persuasão, afirmamos que o amor também possui um grande poder de influência. Pode ficar tranquilo que não vamos lhe pedir para cantar para o mundo todo. Na verdade, queremos sugerir algo muito menor: incluir em sua iniciativa de persuasão um detalhe que funciona como indicativo de amor.

Desde tempos imemoriais, o conceito de amor teve e continua tendo um enorme poder de influência nas pessoas. É curioso, portanto, que até recentemente poucos estudos tenham sido realizados no intuito de demonstrar o efeito do amor na persuasão.

Em um estudo, conduzido pelos psicólogos franceses Jacques Fischer-Lokou, Lubomir Lamy e Nicolas Guéguen, pedestres caminhando desacompanhados num shopping eram parados e solicitados a participar de uma pesquisa. A pesquisa consistia em lembrar-se de um episódio específico de amor ou de uma música significativa em sua vida. Depois de responder à pesquisa, os pedestres eram abordados mais à frente por uma pessoa precisando de orientações. Os indivíduos que participaram das pesquisas foram muito mais solícitos do que o resto.

Em outra série de estudos, Guéguen e Lamy mostraram como a simples inclusão da palavra *amor* num pedido de doação pode aumentar consideravelmente o número de doações. Os pesquisadores colocaram as palavras DOAR = AJUDAR numa caixa de doações comum, verificando um aumento de 14% no número de doações, em comparação com uma caixa sem nenhum dizer. Quando a palavra *ajudar* foi substituída por amar – DOAR = AMAR – o número de doações aumentou em 90%. Um aumento impressionante para um SMALL BIG que exigiu a modificação de apenas uma palavra.

Os garçons também podem se beneficiar dos méritos persuasivos do amor. Num experimento realizado por Guéguen, o garçom colocava a conta dobrada debaixo de um prato, com duas balas em cima, e saía. A equipe de Guéguen repetiu o experimento centenas de vezes, analisando posteriormente os dados para verificar o poder de influência dessa pequena mudança em termos de gorjeta. O que descobriram é que determinado grupo de clientes deixava mais gorjeta, e as gorjetas eram muito maiores. O que os persuadiu a isso?

Tudo bem se você pensou que foi por causa das balas. Talvez as balas viessem em papel vermelho, a cor relacionada ao amor, ou tivessem forma de coração. Mas o aumento do número de gorjetas não tinha nada a ver com as balas, e sim com o formato do prato sob o qual era colocada a conta. Havia três formatos diferentes – redondo, quadrado e cordiforme (em formato de coração). Os clientes que receberam a conta no prato cordiforme deixaram uma gorjeta 17% maior do que os clientes cuja conta veio no prato redondo e 15% maior do que os clientes de prato quadrado.

Por que isso? Segundo os pesquisadores, quando somos expostos a um símbolo indicativo de amor – que, no caso do restaurante, foi o prato cordiforme –, essa alusão ativa comportamentos associados ao amor. No exemplo do restaurante, o comportamento associado ao amor foi o gesto de deixar gorjeta.

Se essa associação com o amor pode aumentar a gorjeta de um garçom que deixa a conta num prato cordiforme (ou que talvez apenas desenhe um coração na própria conta), é possível que os brechós consigam aumentar as vendas de roupas de segunda mão modificando o formato das etiquetas. Em vez de redondas ou retangulares, cordiformes. Os arrecadadores de recursos podem incluir imagens em formato de coração na página de doação do site. Seus filhos podem até conseguir mais dinheiro para a próxima competição interclubes desenhando um enorme coração vermelho na folha de patrocínio antes de pedir qualquer coisa.

CAPÍTULO 30

Que SMALL BIG pode nos ajudar a encontrar o presente perfeito?

Se você perguntar às pessoas se elas sabem escolher presente, a maioria dirá que sim. Se você fizer a mesma pergunta sobre amigos, familiares e companheiros de trabalho, essas mesmas pessoas deverão contar histórias escabrosas de presentes bizarros que receberam, desde suéteres bordados à mão até um peixe eletrônico que canta e outras quinquilharias cafonas. Aliás, se as pessoas tivessem o dom, que julgam ter, de escolher presentes, sites como www.whydidyoubuymethat.com e www.badgiftemporium.com não existiriam.

Felizmente, os pesquisadores descobriram uma estratégia extremamente simples para que seu presente suscite exclamações de alegria e não interjeições de horror.

De acordo com uma pesquisa realizada em 2008, pela National Retail Federation, quase 50% dos americanos trocam pelo menos um presente por ano. Uma indicação clara de que os presentes, em geral, não são tão bem-recebidos quanto se espera. Com base nessa estatística surpreendente, os pesquisadores Frank Flynn e Francesca Gino (autora do excelente livro *À Risca*) decidiram explorar a questão do desequilíbrio entre quem dá e quem recebe presentes em termos de qualidade e utilidade, apresentando uma solução para o problema: pedir a quem for receber o presente para fazer uma lista com os itens desejados. Aí, é só comprar um item da lista e pronto.

O problema desse método é o outro pensar que não o conhecemos tão bem para comprar um presente personalizado. Ou, pior, que não queremos perder tempo e energia escolhendo presentes. Flynn e Gino, porém, suspeitavam que a pessoa que recebe o presente, na verdade, valorizará *mais* o comprador se ele lhe der algo realmente desejado.

Em um de seus estudos, Flynn e Gino dividiram diversos casais em dois grupos. O primeiro grupo deveria lembrar-se de uma ocasião em que deram um presente de casamento para alguém. O segundo grupo deveria pensar nos presentes recebidos. Além disso, metade dos casais do primeiro grupo deveria pensar num presente que escolheram da lista de casamento, enquanto a outra metade deveria focar num presente comprado que *não* estava na lista.

Da mesma forma, metade dos casais do segundo grupo deveria pensar nos presentes recebidos da lista, enquanto os outros deveriam focar num presente recebido que *não* estava na lista.

Embora os presentes tivessem mais ou menos o mesmo valor (cerca de US$ 120), a percepção de cada um diferiu bastante. Para os casais que deram presentes, não importava muito se o presente estava na lista de casamento ou não. Todos achavam que quem recebeu o presente valorizou-o da mesma forma. No entanto, os casais que focaram nos presentes recebidos da lista valorizaram muito mais o presente do que os casais que pensaram em presentes que não estavam na lista.

Apesar do dito popular "o que vale é a intenção", essa pesquisa revela que os presentes não espontâneos – aqueles escolhidos de uma lista predeterminada – são os que mais valem. De certa forma, não é nenhuma surpresa. Quem está planejando se casar talvez valorize mais um presente da lista porque nela há itens realmente necessários para a casa nova (que não podem faltar, mas que também não adianta ter mais de um). Ninguém precisa de três tábuas para cortar queijo – a não ser, claro, que a pessoa more no Estado de Wisconsin ou se chame Mickey Mouse.

Mas o que acontece em outros contextos – por exemplo, no caso de um presente de aniversário em vez de casamento? Os pesquisadores, pensando nisso, realizaram alguns estudos adicionais e todos revelaram o mesmo padrão: a pessoa que dá o presente não acha que a valorização de quem o recebe está vinculada ao fato de o presente estar numa lista. Mas, na verdade, quem recebe o presente fica muito mais feliz quando o presente recebido é algo desejado.

Em outro estudo, Flynn e Gino dividiram um grupo em presenteadores e recebedores de presente. Cada presenteador tinha um recebedor anônimo. Cada recebedor deveria escolher dez itens de US$ 20 a US$ 30 no Amazon.com, que seriam enviados numa lista a um dos presenteadores. Metade dos presenteadores deveria escolher algo da lista, enquanto a outra metade deveria comprar algo que não estava na lista. Mais uma vez, os pesquisadores verificaram que as pessoas que não precisavam ater-se a uma lista demonstravam confiança em relação à valorização de quem receberia o presente no mesmo nível das pessoas que escolhiam um presente da lista. No entanto, analisando a avaliação dos recebedores de presente, aqueles que receberam algo da lista valorizaram muito mais o presente recebido.

Como o nível de valorização de um presente é um dos principais determinantes não só da motivação de uma retribuição futura, mas também da alegria de quem o recebe, essa pesquisa tem importantes implicações em nossas interações com os outros. Como os resultados demonstram, fazer uma pequena mudança no sentido de não ter de adivinhar, mas identificar o presente que o outro realmente valorizará é uma estratégia boa para todo mundo. Pedir que a pessoa destaque os itens que deseja numa revista é uma ideia. Outra pode ser procurar páginas marcadas em catálogos espalhados pela casa.

O mesmo vale para o mundo dos negócios. Por exemplo: levar o cliente para aquele restaurante que ele mencionou algumas vezes, em vez de ir a seu restaurante favorito. Em todo caso, seguir a lista *dos outros* em vez da sua é uma pequena mudança que pode gerar grandes resultados em termos de valorização, além de garantir que seu presente não vá parar na internet, na lata de lixo ou, o que é pior, na sua pilha de presentes no próximo ano.

CAPÍTULO 31

Que GRANDES vantagens podemos obter quando damos o PEQUENO passo de estabelecer trocas?

As pesquisas já demonstraram o valor de um espírito generoso. Depois de dar presentes, fazer favores, oferecer serviços ou prestar assistência a alguém, tornamo-nos mais queridos, valorizados e até fisicamente mais saudáveis. Além disso, o beneficiário de nossas ações provavelmente retribuirá nosso gesto quando precisarmos. É o princípio da *reciprocidade*.

Todas as sociedades humanas ensinam esse princípio desde a infância por um motivo muito simples: ele confere grandes vantagens competitivas a um grupo, incentivando trocas proveitosas entre seus membros em áreas vitais de interação como transações, defesa e cuidado. No contexto de um ambiente de trabalho, significa que se você topou ajudar um amigo num projeto – fornecendo-lhe recursos ou informações específicas, por exemplo –, a probabilidade de ele ajudá-lo num futuro projeto seu é muito maior.

Com tantas razões positivas para ser uma pessoa generosa, é natural achar que doar de si mesmo no trabalho é o caminho mais garantido para o sucesso. Infelizmente, a psicologia humana não é tão simples. A verdade é que o excesso de algo bom pode acabar se tornando algo ruim, mesmo no caso da ajuda. Prova disso é o estudo realizado pelo psicólogo organizacional Frank Flynn, que examinou as consequências da prestação de favores entre colaboradores de uma grande empresa de telecomunicações. Flynn mediu o número de favores, junto com duas consequências dignas de nota. A primeira foi o efeito do favor prestado no status social interno de quem fazia o favor – em outras palavras, o valor da pessoa generosa, dentro da empresa, aos olhos de seus companheiros. Como é de se esperar, os colaboradores mais generosos em termos de tempo, energia e disposição para ajudar são considerados mais valiosos. Conseguir status social dentro de uma empresa não é pouca coisa, apontando para os ganhos interpessoais decorrentes da generosidade.

Mas a segunda consequência analisada por Flynn – a produtividade no trabalho – não mostrou um quadro tão animador. Oito aspectos de medição da produtividade individual, incluindo avaliações de qualidade e quantidade de trabalho entregue, revelaram que os colaboradores que mais ajudam os outros são muito menos produtivos que seus companheiros. Por quê? Porque se dedicam tanto aos projetos dos outros que não prestam a devida atenção a seus próprios projetos.

Qual a saída, se ser uma pessoa generosa no trabalho melhora o status social do indivíduo, mas reduz significativamente sua produtividade? A resposta está em outro componente do estudo de Flynn, um pequeno fator que aumenta tanto o status social quanto a produtividade do sujeito solidário. Esse fator não é o número de favores feitos, mas o número de favores trocados. Os colaboradores que primeiro ofereceram ajuda e depois receberam ajuda em troca maximizaram as vantagens do processo de colaboração – não só para si mesmos, mas para todos os envolvidos –, aumentando tanto seu status quanto sua produtividade. Esse resultado está tão alinhado com o princípio de reciprocidade que é fundamental para todos os grupos de sucesso, justamente por promover a troca produtiva entre seus membros.

As implicações desses resultados são claras. Primeiro, devemos ser pessoas generosas e proativas no trabalho. Repare que é crucial tomar a iniciativa. O primeiro a agir coloca em movimento o princípio da reciprocidade, impulsionando o número de favores trocados, componente essencial para o sucesso no ambiente de trabalho.

Segundo, é importante caracterizar a ajuda oferecida de modo a aumentar a probabilidade de ações recíprocas no futuro. Para isso, devemos fazer uma mudança pequena, mas importante, na resposta que damos quando alguém nos agradece um favor – uma mudança capaz de gerar grandes melhorias em termos de cooperação e influência. Aqui vão três sugestões de possíveis mudanças na resposta:

1. "Fiquei feliz em ajudar, porque sei como é bom receber ajuda quando precisamos."
2. "De nada. Uma mão lava a outra."
3. "Claro. Sei que se fosse ao contrário, você faria o mesmo por mim."

Em suma, o segredo para otimizar o processo de colaboração no ambiente de trabalho é estabelecer trocas, que, por definição, envolve dois pequenos passos fundamentais, capazes de gerar grandes resultados: (1) ser o primeiro a oferecer favores, informações ou serviço; (2) deixar claro que o favor, informação ou serviço prestado faz parte de um acordo natural de reciprocidade.

Essa pesquisa possui outra implicação importante. Como parte do processo formal de avaliação de desempenho, lembra Flynn, muitas organizações pedem para os gerentes classificarem seus colaboradores com base em diversos fatores, incluindo o quanto cada colaborador ajuda seus companheiros de trabalho. Flynn sugere que os gerentes avaliem formalmente seus colaboradores não só em relação à ajuda prestada, mas também à ajuda que solicitam. Comunicar ambos os critérios para os colaboradores, além de explicar a importância de cada um, é uma boa maneira de maximizar a produtividade, estimulando a troca de ajuda em toda a organização.

Como autores, esperamos que você encontre muitos benefícios ao implementar esses *small bigs* em sua vida profissional e pessoal, e se você achou este capítulo especialmente útil, nós respondemos: "[escolha uma das três frases acima]".

CAPÍTULO 32

Que PEQUENO ato de apreciação faz GRANDE diferença em termos de influência?

No capítulo anterior, comentamos que ajudar os outros de maneira proativa e depois caracterizar essa ajuda de modo a aumentar a probabilidade de futuras trocas pode ser uma forma bastante eficaz de ter mais influência sobre os outros – não só no momento, mas dali em diante. Como o princípio da reciprocidade nos incentiva a retribuir o que recebemos, o gesto de oferecer ajuda primeiro é uma ferramenta especialmente poderosa para desenvolver novos relacionamentos, criar envolvimento entre equipes e formar parcerias duradouras.

O princípio da reciprocidade, porém, não é uma via de mão única. Embora existam consideráveis vantagens de influência para aqueles que concedem favores, quem recebe ajuda também terá grandes oportunidades de influência.

Segundo os cientistas comportamentais Adam Grant e Francesca Gino, uma forma de aumentar a influência de quem recebe ajuda é demonstrar gratidão à pessoa ou grupo que o ajudou. Em um de seus experimentos para testar a ideia, os pesquisadores enviaram um e-mail aos participantes solicitando que revisassem uma carta de apresentação de uma pessoa à procura de trabalho e, em seguida, lhe desse um feedback sobre a carta. Depois de mandar o feedback, os participantes recebiam mais um e-mail do autor da carta, solicitando que lessem outra carta de apresentação.

Esse e-mail, todavia, tinha duas versões. Na condição de controle, a pessoa que recebera o feedback enviava uma confirmação de recebimento e uma nova solicitação. Na condição de gratidão, porém, o autor da carta de apresentação enviava exatamente o mesmo e-mail, mas expressando gratidão no final ("Muito obrigado! Agradeço-lhe de coração.").

Qual o efeito do acréscimo dessas seis palavras? Os pesquisadores verificaram que essa demonstração explícita de apreciação dobrou o número de anuência em relação à nova solicitação.

Mas Grant e Gino não se deram por satisfeitos. Eles queriam descobrir se demonstrar gratidão a quem presta favores tinha efeitos mais abrangentes, sobretudo na motivação de ajudar mais pessoas. Para isso, os pesquisadores realizaram um segundo experimento, muito parecido com o primeiro: os participantes ajudavam um estudante, dando-lhe feedback sobre uma carta de apresentação, e o estudante ou só confirmava o recebimento do feedback ou agradecia. Nesse segundo experimento, contudo, quem pedia um segundo favor era uma pessoa completamente desconhecida, não quem pediu ajuda originalmente. Mais uma vez, os pesquisadores verificaram que o número de anuência na condição de gratidão dobrou.

Considere a importância dessa descoberta. O simples ato de expressar gratidão sincera a uma pessoa que nos ajuda dobra a probabilidade de essa pessoa ajudar alguém totalmente desconhecido. De acordo com dados adicionais coletados por Grant e Gino, isso ocorre porque demonstrar gratidão aumenta o sentido de valor social de quem ajuda – em outras palavras, depois de receber um sinal de apreciação, a pessoa generosa provavelmente sentirá que os outros a valorizam.

Mas será que essas incríveis descobertas funcionam na vida real, fora do contexto de laboratório? Grant e Gino, suspeitando que sim, decidiram testar a ideia e medir a influência da gratidão na motivação profissional. O local escolhido foi um call center de arrecadação de recursos, porque esse tipo de trabalho costuma ser uma missão ingrata, caraterizada por muita rejeição e negatividade.

Na experiência, metade dos colaboradores seguiu sua rotina normal, sem nenhuma intervenção. Esse era o grupo de controle. A outra metade, entretanto, recebeu a visita da diretora da instituição, que agradeceu a cada um pelo trabalho que estavam realizando. "Agradeço, de coração, o esforço de todos vocês. Valorizamos muito a sua contribuição para a universidade." Só isso. Nada de apertos de mão, abraços, presentes de agradecimento – só 16 palavras, diretas e objetivas.

Os pesquisadores contabilizaram o número de ligações feitas antes e depois da intervenção, verificando que, enquanto os colaboradores do grupo de controle continuaram fazendo o mesmo número de ligações, o número de ligações do outro grupo aumentou em 50% na semana da visita da diretora. Imagine o impacto dessa pequena, mas importante mudança. Mesmo que as ligações extras tenham sido semelhantes em termos de eficácia, o aumento do número de ligações aumenta a probabilidade de doações.

Essa pesquisa revela o impacto de um pequeno ato de apreciação pelos favores recebidos e pelos esforços feitos em nosso nome. Apesar de parecer óbvio, imagine quantas vezes respondemos "obrigado" de maneira mecânica, sem demonstrar de verdade como estávamos agradecidos e porquê. Ou quantas vezes pensamos em mandar uma mensagem de agradecimento para alguém e nunca mandamos. Além de perdermos a oportunidade de demonstrar gratidão, perdemos também a oportunidade de influenciar os outros.

Gerentes e organizações devem buscar ativamente oportunidades de demonstrar gratidão, engendrando uma cultura de apreciação na empresa e inspirando o comportamento adequado no ambiente de trabalho.

Os estrategistas políticos e servidores públicos também podem beneficiar-se dessa estratégia. Reconhecer o esforço e agradecer aos cidadãos pelo papel desempenhado na limpeza das ruas, na segurança do bairro e nos índices de reciclagem é uma medida muito mais barata que incentivar esse tipo de comportamento ou remediar os efeitos da falta de apreciação.

Isso significa que você receberá em breve um cartão da Receita Federal escrito "Obrigado por pagar seus impostos"? Não sabemos. Mas temos certeza de que você apreciaria.

CAPÍTULO 33

Pode a imprevisibilidade ser a PEQUENA semente responsável por uma GRANDE colheita?

Aos fiéis reunidos para as orações semanais na Igreja St. John em Kirkheaton, um vilarejo de Yorkshire, ao norte da Inglaterra, parecia uma manhã de domingo normal. O clima, típico de novembro – o céu limpo, com temperatura baixa–, anunciava a rápida chegada do inverno. Os frequentadores da paróquia deixaram o chapéu e o sobretudo na entrada, cumprimentando educadamente seus companheiros de culto ao ocuparem seus lugares. Muitos se sentavam no mesmo banco há semanas, meses ou até anos. Não havia nada de extraordinário.

No entanto, para o pastor da igreja, o reverendo Richard Steel, aquela manhã de domingo de 2012 ficaria na memória. Ele tinha um desafio nas mãos. Nos últimos sete anos, o reverendo vinha liderando uma campanha a fim de arrecadar fundos para a reforma de sua igreja vitoriana – uma campanha muito bem-sucedida, com quase £ 500 mil arrecadadas. Mas a manutenção de igrejas antigas é muito cara, consumindo recursos financeiros numa velocidade que nem o mais tenaz dos clérigos conseguirá deter. O reverendo Steel sabia que, apesar de todo o esforço, meio milhão de libras, embora fosse uma quantia avultosa, infelizmente não era suficiente. Chegara o momento de arrecadar mais dinheiro. Mas como? O que o reverendo podia fazer para convencer sua congregação, um grupo que já havia contribuído tanto ao longo dos anos, a juntar-se de novo para arrecadar os fundos necessários para a conclusão da reforma?

A estratégia adotada é ao mesmo tempo inspiradora e extraordinária – que deu certo não só no sentido de prover o dinheiro necessário para a reforma da igreja, mas também como demonstração de um princípio fundamental da influência: o reverendo Steel decidiu *distribuir* o dinheiro da igreja.

Reza a tradição que em algum momento da liturgia, os membros da congregação terão que "coçar" o bolso e contribuir com a igreja, colocando dinheiro na caixinha de coleta ou numa bandeja. Mas, como o reverendo explicou diante da plateia atônita, a coleta daquele dia seria diferente. Em vez de fazer uma doação, cada pessoa presente deveria retirar dinheiro da caixinha. Nesse momento, para espanto geral, uma bandeja cheia de notas de £ 10 novinhas circulou pela igreja, e todos foram convidados a pegar uma.

No final da extraordinária "descoleta", tendo distribuído £ 550 do dinheiro eclesiástico, o reverendo solicitou que cada um investisse as £ 10 da forma que lhe conviesse, com o objetivo de gerar um retorno para a igreja no futuro.

Um pastor deve ter muita coragem para sair distribuindo os recursos de sua igreja. E tem de ser muito inteligente para fazer como o reverendo Steel fez.

Antes de mais nada, o ato de oferecer recursos ativa um princípio fundamental do processo de influência – a reciprocidade. Como já discutimos em capítulos anteriores, o princípio da reciprocidade instiga a retribuição, na mesma moeda, do que se recebeu. Os profissionais de marketing sabem que oferecer uma amostra grátis pode dar lugar a compras muito maiores, não só compensando o custo do "presente" inicial, mas também gerando lucros. Líderes inteligentes sabem que suas chances de sucesso em termos de influência aumentam consideravelmente se forem os primeiros a ouvir, oferecer assistência e proativamente identificar quem precisa de ajuda em vez de solicitá-la. De acordo com o tema deste livro, essas ações iniciais podem ser pequenas, geralmente sem custo, mas o retorno desses pequenos investimentos chega a ser desproporcional, produzindo fidelidade e relacionamentos produtivos graças, sobretudo, à criação de uma rede de ajuda mútua.

Não são só os profissionais de marketing e gerentes astutos que conhecem o poder da reciprocidade. Os sociólogos também reconheceram que em toda sociedade existe a obrigação de dar, receber e retribuir. É uma expectativa baseada na regra de ouro do processo de socialização: "Faça aos outros o que você gostaria que lhe fizessem". Repare que a regra não diz "Faça aos outros o que lhe fizeram". Ou seja, quem dá o primeiro passo é que influencia os demais. Foi o que o reverendo Steel fez – dar primeiro em vez de receber –, demonstrando uma brilhante execução da estratégia de influência.

Mas havia outro ponto crucial para o sucesso dessa estratégia que o reverendo identificou. Embora seja verdade que a sociedade nos obriga a retribuir aos outros o que recebemos, também não podemos deixar de mencionar que os excessos da vida moderna dificultam o reconhecimento dos recursos concedidos. São tantas amostras grátis que ficamos perdidos. Informações valiosas são ofuscadas por outras informações valiosas. A ajuda e assistência a um cliente ou companheiro de trabalho são ofuscadas pela ajuda e assistência de um concorrente.

Num contexto desses, infelizmente, ser o primeiro a oferecer ajuda não basta. É necessário considerar um componente extra se quisermos que nossos esforços suplantem os esforços dos outros. O curioso é que esse componente, apesar de fundamental, costuma ser subestimado e até ignorado, mesmo rendendo grandes frutos. Estamos falando da *imprevisibilidade*. Oferecer um brinde, um serviço ou até mesmo informações de maneira inesperada pode gerar um grande impacto. Em nosso livro *Sim! 50 Segredos da Ciência da Persuasão*, apresentamos um estudo que demonstrava que os garçons podem aumentar modestamente o valor da gorjeta (em 3,3%) deixando uma bala por pessoa ao trazer a conta. Deixando duas balas por pessoa, as gorjetas aumentavam em 14,1%. Mas uma terceira abordagem provou que fazer algo inesperado gera resultados ainda mais satisfatórios. Após deixar uma bala por pessoa na mesa, se o mesmo garçom voltasse com uma segunda bala *pouco tempo depois*, a imprevisibilidade desse brinde extra aumentava em 21% o valor das gorjetas.

Não são só os garçons que podem lucrar com o poder de influência de um brinde inesperado. Um estudo conduzido pelos pesquisadores Ambar Rao, Kent Nakamoto e Carrie Heilman revelou que os clientes de supermercado gastam, em média, 11% a mais quando recebem cupons-surpresa na hora das compras, em vez de cupons concedidos com antecedência. Ou seja, as cadeias varejistas podem lucrar bastante com uma pequena mudança de *timing* na entrega dos cupons ou vouchers. A imprevisibilidade do "brinde" estimula o cliente.

Foi essa importante mudança – dar primeiro de maneira *imprevisível* – que ajudou o reverendo Steel. Claro, ele poderia ter convidado parte da congregação para uma reunião de *brainstorming*, visando encontrar soluções para a arrecadação de fundos, sem esquecer do café e de um lanchinho, sempre convidativo. Esse método poderia ser considerado um exemplo do uso da reciprocidade, mas dificilmente teria produzido o mesmo tipo de resposta que sua estratégia produziu.

As lições são claras. Embora ser o primeiro a dar ou oferecer ajuda tenha sua importância em termos de influência, a melhor forma de otimizar esse princípio fundamental da persuasão é dar primeiro de maneira inesperada em relação à norma. Escrever uma carta à mão em vez de digitada. Enviar um cartão personalizado para um novo cliente. Perguntar se você pode ajudar um amigo, antes de ele pedir ajuda. Essas mudanças podem parecer pequenas, mas geralmente os resultados não são.

Falando em resultados, o que aconteceu com o investimento inicial de £ 550 do reverendo Steel? Seis meses depois daquele inesperado culto matutino, a equipe jornalística local da BBC, que havia feito uma matéria na ocasião, voltou a Kirkheaton para descobrir, e todos ficaram boquiabertos. Quase todo mundo que aceitou as

£ 10 utilizou bem o dinheiro, alguns de maneira bastante empresarial. Um grupo usou o dinheiro para comprar ingredientes de bolo e organizou uma feira beneficente. Uma pessoa usou o dinheiro para anunciar seu serviços de passeador de cães, arrecadando fundos com seu trabalho. Um grupo de crianças da escola local juntou o dinheiro para comprar sementes e vendeu sua produção com uma boa margem de lucro. Outros usaram o dinheiro para comprar produtos no eBay e revendê-los, destinando os lucros à igreja. Em apenas seis meses, o investimento inicial do reverendo Steel em sua congregação rendeu £ 10 mil – um retorno quase vinte vezes maior!

 Isso é que é retorno sobre o investimento, além de ser um maravilhoso exemplo de *small big*.

CAPÍTULO 34

Que *SMALL BIG* surpreendentemente simples pode fazer que você consiga a ajuda que precisa?

A resposta é... simplesmente pedir! Pode parecer óbvio, mas não é. Pesquisas realizadas pelos cientistas sociais Frank Flynn e Vanessa Bohns revelaram que temos a tendência de subestimar a possibilidade de que as pessoas digam sim a um pedido nosso.

Num dos experimentos conduzidos pelos pesquisadores, os participantes foram incumbidos de pedir a desconhecidos que preenchessem um questionário. Antes de ir a campo, deviam prever a probabilidade de que as pessoas aceitassem o pedido, isto é, estimar quantas pessoas deveriam ser abordadas até cinco delas aceitarem. A média prevista pelos participantes foi de 20 pessoas, mas, na prática, o número não passou de 10. Metade!

Flynn e Bohns verificaram resultados similares com vários outros tipos de solicitação, incluindo pedir a desconhecidos que acompanhassem a pessoa até a academia de ginástica e pedir o celular emprestado para fazer uma ligação rápida. Em outro estudo muito interessante, os pesquisadores selecionaram um grupo de participantes com a missão de arrecadar fundos para uma instituição de caridade. Antes de dar início ao experimento, Flynn e Bohns pediram aos participantes para estimar a probabilidade de que as pessoas abordadas fossem fazer doações. Mais uma vez, os participantes subestimaram a probabilidade de aceitação em 50%. Aliás, também subestimaram o valor doado por cada pessoa em 25%.

Os autores reuniram dados adicionais para explicar por que temos essa tendência de subestimar a possibilidade de que as pessoas digam sim a um pedido nosso. Em resumo, descobriram que costumamos focar na perda de tempo, energia ou dinheiro acarretada se a pessoa aceitar, sem considerar tanto os "custos sociais" (em termos de dificuldade, constrangimento ou sentimento de culpa) de não aceitar.

As implicações são claras. Na hora de pedir alguma coisa a alguém, é importante reconhecer que talvez estejamos subestimando a probabilidade de ouvirmos um sim. Essa subestimação, se não for corrigida, poderá bloquear nossa produtividade e impedir que alcancemos nossas metas.

Os resultados desses estudos são fundamentais também para gestores e líderes, pois indicam que pode haver situações em que os membros de sua equipe precisam de ajuda num projeto específico, mas não falam nada, por considerem improvável que você os ajude. Para reduzir essa probabilidade, é importante deixar claro para colaboradores, companheiros de trabalho e membros da equipe que você está disposto a ajudá-los no que for preciso. Como? Apresentando as descobertas de Flynn e Bohns e dizendo que você não quer que esse erro de percepção atrapalhe o desempenho de ninguém no grupo.

Em outra série de estudos, Bohns e Flynn apresentam outro motivo para explicar por que nem sempre conseguimos a ajuda desejada. Além de *subestimarmos* a probabilidade de que aceitem um pedido nosso, as pessoas que estão dispostas a ajudar tendem a *superestimar* a probabilidade de alguém pedir ajuda se precisar, levando a uma sinuca de bico. Quem precisa de ajuda não pede. Quem pode ajudar não se oferece, por achar que sua ajuda não é necessária, já que ninguém pediu.

Resultado? Uma armadilha comum que gestores e líderes precisam evitar ao demonstrar sua disposição de ajudar. Não basta enfatizar os benefícios práticos de pedir ajuda. É necessário, também, tomar medidas para aplacar possíveis sentimentos de desconforto ou constrangimento vinculados ao ato de pedir ajuda. Gestores inteligentes farão isso descrevendo uma situação do passado em que pediram ajuda sem problema algum, e que foi muito menos constrangedor do que pensavam. Profissionais da área de saúde que queiram incentivar seus pacientes a continuar procurando ajuda e informações descobrirão que adicionar um pequeno sinal de apoio – como "Não existe pergunta boba" – pode fazer uma grande diferença.

Você pode até enviar-lhes uma cópia deste capítulo, lembrando que o PEQUENO ato de personalizá-lo escrevendo o nome deles à mão na parte de cima da folha pode fazer uma diferença ainda MAIOR.

CAPÍTULO 35

Que SMALL BIG pode fazer diferença quando o assunto é negociação?

Às vezes, os primeiros minutos na mesa de negociação parecem os primeiros minutos num ringue de boxe: os adversários se estudam, relutantes em fazer o primeiro movimento. Assim como alguns boxeadores relutam em dar o primeiro golpe, os negociadores costumam relutar em fazer a primeira oferta. De um certo ponto de vista, é compreensível. O primeiro a apresentar sua proposta receia expor sua estratégia ou revelar alguma vulnerabilidade.

Mas será certo pensar assim? No caso de uma negociação, ou em qualquer outro contexto de influência, é melhor dar o primeiro passo ou deixar que o outro o dê? De acordo com pesquisas realizadas pelos psicólogos sociais Adam Galinsky e Thomas Mussweiler, é melhor dar o primeiro passo numa negociação do que deixar que a outra parte dê.

Numa série de experimentos, os pesquisadores descobriram que o primeiro a apresentar uma proposta, seja ele o comprador ou o vendedor, costuma obter melhores resultados do que quem espera o outro agir. Por exemplo, num dos experimentos, quando a parte interessada em comprar uma fábrica fez a primeira oferta, os vendedores acabaram concordando com um valor de US$ 19,7 milhões. Quando a parte interessada em vender a mesma fábrica fez a primeira oferta, os compradores acabaram concordando com um valor de US$ 24,8 milhões. Os pesquisadores verificaram resultados similares no âmbito da negociação de salário também.

Qual a causa dessas grandes diferenças nas negociações? O principal motivo é que, ao apresentar a primeira oferta, os negociadores fixam um valor inicial, ao qual a outra parte fica "presa". Resultado: mesmo que a outra parte possa determinar o valor dos itens negociados independentemente dos números fixados, isso normalmente não acontece. O que acontece é que a outra parte utiliza o valor inicial como base, e tenta negociar a seu favor a partir daí.

Por que isso ocorre? Imagine o caso de alguém vendendo um carro. Quando o vendedor sugere um preço inicial relativamente alto, os interessados começam automaticamente a considerar todas as informações condizentes com esse valor-base. Lembre-se, conforme discutido ao longo do livro, que temos uma motivação inata de tomar as decisões certas. Com um preço inicial alto, o comprador talvez se pergunte "Por que tão caro?", desconfiando que precisa corrigir uma possível percepção errada do valor.

Na tentativa de responder à pergunta, o mais provável é que o comprador foque espontaneamente nas características que justificam aquele preço – por exemplo, os itens de luxo, a segurança e a economia de combustível do carro. Agora, imagine o que aconteceria se o comprador fizesse a oferta inicial (muito mais baixa). O vendedor talvez se perguntasse "Por que tão pouco?", focando espontaneamente nas características que justificam aquela proposta – por exemplo, que o carro está amassado e com vários arranhões, que já está muito rodado e que tem cheiro de carro velho ("Por que não adquiri o hábito de tomar uma ducha logo depois de malhar em vez de voltar para casa todo suado?", lamenta o vendedor agora).

Como é a outra parte que começa automaticamente a pensar sobre as características que justificam o valor inicial, a pessoa começa a achar que o valor deve ser esse mesmo ou algo próximo. Seja você o comprador ou o vendedor, o gestor ou o colaborador negociando um aumento de salário, o líder ou o liderado tentando chegar a um acordo sobre distribuição de recursos, determine cuidadosamente o que seria um valor-base adequado para sua proposta e seja o primeiro a apresentar uma oferta, em vez de esperar que o outro o faça. Como Galinsky e Mussweiler demonstraram em seus estudos, esse pequeno ato de ser o primeiro a propor pode fazer uma grande diferença no resultado.

Embora pequena, é uma mudança capaz de produzir grandes dividendos. Evidentemente, a oferta inicial deve ser realista, mesmo que inflacionada. Por exemplo, não é muito realista fixar o preço inicial de US$ 100 mil pelo seu Honda Civic só porque ele tem um cheiro único! Contanto que sua oferta esteja dentro do limite do razoável, é importante desferir o primeiro golpe. Se você deixar de aproveitar essa oportunidade, talvez esteja destruído logo após soar o gongo.

Quem tem filho, atenção! Seja o primeiro a definir o horário de ir para a cama.

Devemos reconhecer também que nem sempre venceremos com um só golpe. Existe alguma estratégia para situações em que o outro sai na frente? Por exemplo, a pessoa que quer comprar uma casa precisa lidar com listas de preços já definidas antes de qualquer negociação, e muitas empresas anunciam o salário inicial logo após a oferta de emprego. Felizmente, Galinsky e Mussweiler propuseram e testaram uma estratégia bastante simples, mas eficaz para escapar dessa armadilha psicológica: focar em nosso preço ideal, que nos levará a considerar informações além do valor-base fixado.

Uma forma fácil de conseguir isso é ir para a negociação não só com um preço ideal em mente, mas também com uma lista escrita explicando por que aquele preço se justifica. Mesmo que não apresentemos todos os pontos da lista, só de ter os motivos anotados na nossa frente já pode nos dar força para não cairmos no processo automático de questionar nossa própria posição inicial.

CAPÍTULO 36

A precisão pode ser o SMALL BIG necessário para conseguir melhores negociações?

Durante o período de transferência no verão de 2003, o clube de futebol inglês Arsenal FC fez uma proposta para comprar o atacante uruguaio Luis Suarez de seu rival, o Liverpool FC, pelo valor de £ 40 milhões + £ 1. A precisão da oferta do Arsenal chamou a atenção por destoar dos valores comumente praticados, mais redondos. O valor da proposta foi em resposta a uma cláusula no contrato de Suarez, que previa que ele só seria informado de ofertas acima de £ 40 milhões. Apesar de toda a precisão, a oferta não foi aceita.

No capítulo anterior, vimos que a primeira oferta feita numa negociação geralmente funciona como um valor-base, influenciando as ofertas subsequentes da outra parte. Devemos, portanto, concluir que a oferta do Arsenal não foi aceita (embora tenham saído na frente) por conta de sua precisão? Claro que não. A situação de Suarez era muito mais complexa do que uma mera barganha de números. Mas podemos afirmar que a precisão incomum da oferta do time inglês prestou-se a outra função: chamar a atenção da mídia internacional. A prova disso é que a notícia circulou por várias semanas nos tabloides do mundo inteiro, com diversas páginas dedicadas ao assunto na seção de esportes (o fato de Suarez ser um jogador bastante polêmico ajudou muito, sem dúvida).

Mas existe outro lugar, além da seção de esportes dos jornais, em que podemos buscar respaldo não só para a natureza sensacionalista de uma oferta precisa, mas também para o incrível poder de influência da precisão nas negociações. Esse lugar, claro, é a ciência da persuasão.

A cientista comportamental Malia Mason e seus colegas Daniel Ames, Alice Lee e Elizabeth Wiley acreditavam que podemos melhorar o resultado de nossas negociações não só fazendo a primeira oferta, mas também fazendo uma oferta precisa. Em um estudo, os participantes liam o relato de uma negociação fictícia referente à venda de um carro usado e assumiam o papel do vendedor, recebendo uma dentre três propostas de possíveis compradores. Uma das propostas era um valor redondo, US$ 2 mil, e as outras duas, valores precisos: US$ 1.865 e US$ 2.135. Após receber a proposta, cada participante deveria fazer uma contraproposta. Curiosamente, os vendedores que receberam a proposta com um valor preciso mostraram-se muito mais receptivos à proposta, contrapropondo um valor de 10% a 15% maior. Os vendedores que receberam a proposta de US$ 2 mil contrapuseram um valor 23% maior. De acordo com esses resultados, o pequeno ato de fazer uma proposta precisa numa negociação pode ser uma estratégia poderosa para reduzir a distância entre as duas partes interessadas. Por quê?

Segundo os pesquisadores, as pessoas que recebem ofertas precisas tendem a achar que o ofertante dedicou tempo e energia preparando-se para a negociação e, portanto, tem ótimos motivos para a precisão. Essa ideia foi comprovada num teste subsequente realizado pelos pesquisadores, no qual mediram a percepção dos participantes depois das negociações, verificando que concordavam com frases do tipo "O rapaz pesquisou bastante o preço do carro" e "Ele deve ter uma boa razão para sugerir esse valor".

Cabe ressaltar que os pesquisadores verificaram os mesmos resultados com ofertas acima ou abaixo do valor redondo inicial. Conclusão: quando chegar o momento de vender aquele Honda Civic com um cheiro único que está ocupando espaço na garagem, você conseguirá um preço melhor se propuser um valor inicial menor, mas preciso, de US$ 3.935, por exemplo, em vez de US$ 4 mil. Evidentemente, se você estiver interessado em comprar um carro desses, é bom prestar muita atenção no vendedor cujo valor inicial é excepcionalmente preciso.

Essa abordagem de números precisos não se restringe a transações isoladas, como a venda de um carro usado. Os pesquisadores encontraram resultados similares em diversos contextos. Por exemplo, num segundo experimento, gestores e executivos com experiência foram divididos em 130 duplas para uma série de negociações. Em consonância com o estudo anterior, os executivos que fizeram uma proposta específica receberam contrapropostas 24% mais próximas do valor inicial, em comparação com aqueles que propuseram um valor redondo. Em todos os casos, o valor-base fixado serviu de referência até o final.

Como dissemos no capítulo anterior, uma pequena mudança que os negociadores podem realizar para ter resultados melhores é fazer a primeira oferta. A pesquisa apresentada aqui sugere outra mudança de abordagem pequena, mas importante, capaz de gerar resultados melhores ainda: fazer uma primeira oferta precisa.

Portanto, depois de ter pesquisado todas as informações, equipamentos, materiais e recursos necessários para fazer uma proposta altamente detalhada para um possível cliente, não cometa o erro de arredondar valores acreditando que isso facilitará o processo para a pessoa interessada. Ao contrário, apresente números precisos logo no início.

Uma abordagem semelhante deve ser utilizada para renegociar salários e pacotes de benefícios. Embora seja mais fácil e mais simples pedir ao gestor um aumento de 10%, pedir um aumento de 9,8% ou 10,2% deve gerar menos resistência devido à precisão do número. Evidentemente, você deve estar preparado para justificar a precisão – talvez essa seja a média exata de todos os colaboradores que receberam aumento no seu departamento. Da mesma forma, uma babá que recebe US$ 15 a hora e quer um aumento deve propor um valor preciso de US$ 15,85, por exemplo, em vez de US$ 16, no momento de negociar com quem a contratou.

Esse tipo de abordagem também pode ser útil para gerenciar projetos e persuadir pessoas a terminar tarefas no prazo. De acordo o estudo, em vez de pedir que lhe entreguem o trabalho em duas semanas, você deverá obter resultados mais pontuais se estipular um prazo de 13 dias. Do mesmo modo, em vez de solicitar a conclusão do trabalho até o fim do expediente ou até o fim de semana, você será mais eficaz se propuser um horário específico: "Você pode me entregar tudo até 15h47 de quinta-feira?". Essa pequena mudança, além de gerar resultados pontuais, também poderá ajudá-lo a gerenciar os e-mails com maior eficiência. Assim, você terá seus fins de semana de volta para poder assistir àqueles atletas milionários exibindo suas habilidades.

CAPÍTULO 37

Que PEQUENA mudança na terminação dos números pode fazer uma GRANDE diferença em termos de comunicação?

Uma recente análise de preços num conhecido supermercado americano revelou um fato interessante. O preço de cerca de 80% dos produtos terminava com o número 9. Essa descoberta não se limita a uma única loja, nem a uma cadeia específica. A maioria dos varejistas adota uma política similar. A prática de utilizar preços com terminação irregular tampouco é uma anomalia cultural do mercado americano. Estudos realizados na Alemanha, Grã-Bretanha e Nova Zelândia revelaram padrões de precificação semelhantes.

Mas de onde vem isso? Uma possível explicação nos remete à padronização da moeda americana em 1891. Quando os produtos importados da Inglaterra passavam pela conversão de libras para dólares, o valor final acaba sendo um número quebrado. Como os produtos britânicos eram considerados de maior qualidade, os preços com terminação irregular ficaram associados com um sinal de superioridade. Outro motivo comumente citado para a introdução desse tipo de preço é que era uma boa estratégia para evitar roubo dos colaboradores. Os preços quebrados obrigam o caixa a dar troco, dificultando que embolse dinheiro sem registrar a transação. Segundo os dados, quando a loja de departamentos Macy's adotou preços com terminação 99 centavos no início do século XX, as vendas aumentaram, e a prática passou a ser adotada por varejistas do mundo inteiro.

Devido à prática quase generalizada dos preços com terminação 99 centavos, outro varejista muito conhecido decidiu recentemente opor-se à norma. Em 2011, Ron Johnson, ex-vice-presidente sênior da Apple, começou a trabalhar na JCPenney como CEO e pouco tempo depois lançou a política de precificação "Todo dia" em suas lojas. O pilar da iniciativa era a decisão de usar números redondos nas etiquetas, em vez dos onipresentes 99 centavos. Por exemplo, shorts de brim que antes custava US$ 18,99 ou US$ 19,99 passava a custar US$ 19 ou US$ 20. O raciocínio por trás da ideia é simples: preços com terminação redonda são diretos e objetivos, transmitindo uma mensagem clara e honesta. A pequena mudança na estratégia de precificação da JCPenney, embora ameaçasse os centavos, seria uma vitória do bom senso. O mais importante, contudo, é que a JCPenney achou que seria uma vitória para seus clientes também, que responderiam com a carteira. E responderam com a carteira mesmo. No ano seguinte, as vendas da JCPenney despencaram quase 30%.

Como a economia na época ainda estava nos estágios iniciais de recuperação e poderia, com muito boa vontade, ser descrita como "frágil", seria absurdo afirmar que a decisão da JCPenney de utilizar preços redondos foi o único elemento responsável pela queda monumental das vendas. Havia, provavelmente, uma série de outros fatores que contribuíram para isso. Mas existem evidências suficientes de que a política de precificação "Todo dia" da JCPenney não ajudou. Com certeza não ajudou Johnson, que logo foi removido da posição de CEO.

Numa primeira análise, a ideia de deslocar a atenção do cliente de um preço quebrado (por exemplo, US$ 0,99) para um preço redondo (por exemplo, US$ 1,00) parece ter pouco impacto nas decisões de compra. Afinal de contas, a diferença é um mísero centavo. Apesar do dito popular "Cuide dos centavos que os reais se cuidam

QUE PEQUENA MUDANÇA NA TERMINAÇÃO DOS NÚMEROS PODE FAZER UMA
GRANDE DIFERENÇA EM TERMOS DE COMUNICAÇÃO?

sozinhos", o valor do centavo hoje em dia é tão pequeno que nem parece merecer atenção.[3]

Nesse contexto, a mudança de preços da JCPenney teria feito pouca diferença. Mas como mostramos o tempo todo neste livro, pequenas mudanças podem gerar grandes diferenças – mesmo que essa pequena mudança seja um centavo numa etiqueta de preço. Mas por quê?

Um motivo é que os preços com terminação 99 centavos funcionam como sinal de "bom negócio". De acordo com a pesquisa realizada por Charlotte Gaston-Breton e Lola Duque, isso acontece principalmente com consumidores jovens ou quando há pouco envolvimento na decisão de compra, como no caso de produtos baratos. Outra pesquisa revelou que os produtos com terminação 99 centavos tendem a gerar um efeito nivelador em termos de percepção, sempre para baixo. Em outras palavras, um produto vendido por US$ 19,99 entra na categoria "menos de US$ 20", mas se custar um centavo a mais, ele passa à categoria "a partir de US$ 20", criando um contraste sutil, mas relevante.

Além de influenciar a categoria de preço de um produto, a mudança de um centavo pode chamar atenção para outra importante característica do preço: o primeiro número depois do cifrão. No exemplo anterior, o produto que custa US$ 19,99 não só entra na categoria "menos de US$ 20", mas também na categoria de "números de dois dígitos que começam com 1" em vez de 2. Conforme constatado, esse "efeito do primeiro dígito" é importante, porque é a primeira coisa que percebemos.

Os pesquisadores Kenneth Manning e David Sprott têm evidências convincentes de que uma pequena mudança na terminação dos preços em relação com o primeiro número depois do cifrão pode

---

[3] Como o centavo é o menor valor na maioria das moedas, outro dito comum "Viu um centavo? Pegue-o com alegria, que é sorte todo o dia" pode nos fazer pensar se vale a pena pegar um centavo na rua ou não. Segundo os economistas, não. Tampouco existem provas de que encontrar um centavo dá sorte. Como é difícil testar essas coisas, você terá que decidir por conta própria, deixando os cientistas fora dessa.

exercer uma grande influência em nossas decisões de compra. Nos estudos de Manning e Sprott, os participantes deviam escolher uma caneta para comprar, dentre duas opções apresentadas lado a lado. A caneta A era a opção mais barata e a caneta B, era mais cara por alguns recursos extras que tinha. Os participantes deviam avaliar as duas canetas e escolher uma. Os pesquisadores apresentaram aos participantes as quatro condições seguintes:

Condição	Caneta A	Caneta B
1	US$ 2,00	US$ 2,99
2	US$ 2,00	US$ 3,00
3	US$ 1,99	US$ 2,99
4	US$ 1,99	US$ 3,00

Embora a diferença de preço entre as três primeiras condições seja muito pequena (só um centavo de diferença entre as condições 1 e 2), o impacto dessa diferença foi muito grande. A caneta A foi escolhida por 56% dos participantes na condição 1, mas por 69% na condição 2, e 70% na condição 3.

Por que isso? Repare que, em comparação com a condição 1, em que o primeiro dígito depois do cifrão é o mesmo para a caneta A (US$ 2,00) e para a caneta B (US$ 2,99), nas condições 2 e 3 esse dígito é diferente, fazendo que a caneta A pareça muito mais barata que a caneta B.

Mas consideremos agora a condição 4. Devido a uma pequena mudança em relação à condição 3, a diferença nos primeiros dígitos depois do cifrão passou a ser de dois dólares – caneta A (US$ 1,99) e caneta B (US$ 3,00). Nesse caso, a caneta A teve o melhor resultado de todos, sendo escolhida por 82% dos participantes. Uma demonstração clara de que uma pequena mudança no primeiro número depois do cifrão pode fazer uma grande diferença em nossas escolhas.

Ron Johnson deve estar se lamentando agora de não ter conhecido a ciência da persuasão antes de adotar a política de

QUE PEQUENA MUDANÇA NA TERMINAÇÃO DOS NÚMEROS PODE FAZER UMA
GRANDE DIFERENÇA EM TERMOS DE COMUNICAÇÃO?

valores redondos. Segundo a pesquisa de Manning e Sprott, mudar o preço de um par de meias, por exemplo, de US$ 8,99 para US$ 9 – ou seja, aumentar o valor em um centavo – produz o efeito de um aumento de um dólar, porque os consumidores focam, sobretudo, no primeiro dígito depois do cifrão.

Num contexto mais amplo, esse estudo tem uma série de aplicações para quem quiser influenciar as escolhas e decisões dos outros. Evidentemente, quem trabalha com precificação pode se beneficiar bastante lembrando que uma pequena mudança de preço – nem que seja de apenas um centavo, para mais ou para menos – é capaz de alterar desproporcionalmente a percepção dos consumidores em relação ao custo do produto, influenciando sua decisão de compra. Por exemplo, uma empresa que vende produtos baratos com alta margem de lucros, como produtos de fabricação própria, pode incrementar sua lucratividade fazendo pequenas mudanças na terminação dos preços de modo a aumentar a diferença percebida entre o primeiro número depois do cifrão de seu produto e esse número no produto líder de mercado. Claro, se o objetivo for aumentar a probabilidade de que as pessoas escolham um produto mais caro, vale o oposto. Repare que no estudo das canetas, muito mais gente escolheu a caneta mais cara quando o primeiro número depois do cifrão era o mesmo nas duas opções.

Existem maneiras menos óbvias de utilizar a intrigante influência que os números um pouco menores que os números inteiros exerce em nossas decisões. Um personal trainer talvez encontre menos resistência a um programa de 9,9 quilômetros na esteira, em vez de 10 quilômetros. Um médico pode conseguir convencer seu paciente a fazer exercício se propuser um número um pouco menor de passos no pedômetro: digamos, 9.563, em vez dos 10 mil de sempre. Em ambos os casos, as metas devem parecer muito mais acessíveis para o cliente ou paciente, aumentando sua motivação de alcançá-las.

Por fim, uma pequena mudança em relação a datas e horários pode resultar em mais aceitação e menos recusa nas futuras reuniões que você for organizar. Embora seja especulação de nossa parte, mudar aquele encontro de 2 horas de duração para um encontro que dure uma hora e 55 minutos pode fazer que mais pessoas venham.

Talvez essa pequena, mas importante descoberta da ciência da persuasão modifique totalmente sua abordagem de convocação. Mas antes de entrar em contato com a Apple, a Microsoft ou o Google para sugerir que mudem a configuração padrão de seus calendários eletrônicos, saiba que nós já possuímos os direitos autorais da "Reunião de 29 minutos".

CAPÍTULO 38

Será que uma PEQUENA mudança de ordem pode ser a GRANDE diferença que aumentará o número de pedidos?

Em meados da década de 1970, Antonio Carluccio, empresário italiano e chef de cozinha, saiu de sua casa no norte da Itália e foi morar no Reino Unido, onde, após trabalhar por um tempo como importador de vinhos e depois no famoso grupo de restaurantes de Terence Conrad, abriu seu próprio estabelecimento. Hoje, existem mais de 70 cafés de Carluccio na Europa e Oriente Médio, servindo uma variedade de comidas da autêntica culinária italiana, incluindo massas, saladas, sorvetes e... lambretas!

Isso mesmo. Em cada cardápio de Carluccio, há em destaque a opção de uma Vespa que os clientes podem pedir, na cor de sua preferência, enquanto decidem o que jantarão.

Não sabemos exatamente quantas pessoas desejarão comprar uma lambreta num restaurante. Tampouco sabemos quantas Vespas foram vendidas nos cafés de Carluccio. Mas, como cientistas da persuasão, sabemos da influência que um item caro (uma Vespa custa cerca de US$ 3.500) pode exercer sobre itens muito mais baratos no mesmo menu. Talvez Carluccio não esteja vendendo muitas lambretas em seus cafés, mas o pequeno ato de incluí-la no cardápio pode ter aumentado consideravelmente a venda de paninis. Ou seja, incluir uma motocicleta no cardápio faz que seus sanduíches pareçam muito mais baratos.

Raramente tomamos decisões de forma isolada. Em outras palavras, nossas escolhas são quase sempre influenciadas pelo contexto, sejam possíveis alternativas que estamos considerando, aspectos específicos do meio ou simplesmente o que estamos pensando antes de decidir. Consequentemente, a ordem em que as opções e escolhas são apresentadas é muito importante. Um conceito básico da psicologia é o fenômeno do contraste perceptivo: a ideia de que a percepção de uma oferta pode ser modificada sem alterar a oferta em si, mas o que é apresentado logo antes da oferta em questão. Uma garrafa de vinho de US$ 35 parecerá cara se estiver no meio de uma lista que começa com o vinho da casa, que custa US$ 15. O preço do mesmo vinho, no entanto, parecerá muito mais razoável se for feita uma pequena modificação na lista de modo que um vinho mais caro, de US$ 60, por exemplo, apareça primeiro. Os vinhos não mudaram, só a ordem em que foram apresentados.

Assim, uma pequena mudança que qualquer pessoa pode fazer para ter mais sucesso em suas propostas é considerar cuidadosamente qual a referência de comparação de seu público-alvo no momento da decisão.

Curiosamente, essa estratégia pode ter a mesma eficácia ainda que as opções de comparação sejam aquelas que seu interlocutor descartará de qualquer maneira. Por exemplo, ao desenvolver uma proposta para um cliente, um consultor geralmente avalia diversas ideias, chegando, por um processo de eliminação, à opção ideal. Nesse momento, depois de ter descartado várias ideias, algumas por serem caras demais, outras por serem muito trabalhosas, o consultor aprimora sua proposta focando nessa opção. No entanto, com base no que sabemos sobre o processo de persuasão e, especificamente, sobre o contraste perceptivo, isso seria um erro.

A sugestão é que o consultor pegue as ideias que decidiu descartar e apresente-as primeiro, mesmo que brevemente, no início da reunião. Essa pequena mudança pode fazer uma grande diferença na hora de apresentar a opção escolhida, porque a proposta agora será vista dentro de um contexto. Por exemplo: quando apresentamos primeiro uma opção que o cliente acha cara demais

Será que uma pequena mudança de ordem pode ser a grande diferença que aumentará o número de pedidos?

ou trabalhosa demais, no momento em que apresentarmos a proposta que desenvolvemos previamente, essa proposta parecerá "caída do céu".

Mas e no caso das situações em que nossa proposta é um pacote? Por exemplo, um cinema pode oferecer aos clientes a opção de assistir a 15 filmes por US$ 99. Um advogado pode dar 10 horas de consulta por US$ 2.500. Uma loja de música online pode cobrar US$ 29,99 pelo download de 70 músicas. As decisões de compra serão influenciadas pela ordem dos números? Dito de outra forma, e usando a loja de música online como exemplo, o que é mais tentador: 70 músicas por US$ 29,99 ou US$ 29,99 por 70 músicas?

Os pesquisadores Rajesh Bagchi e Derick Davis realizaram uma série de experimentos para responder a essa questão. Em um dos estudos, os participantes deviam considerar diversas ofertas de pay-per-view. Um grupo recebeu uma oferta preço-item – US$ 300 por 600 horas de TV. Um segundo grupo recebeu uma oferta item-preço – 600 horas de TV por US$ 300. Outros grupos receberam diferentes combinações de ofertas, com valores proporcionalmente iguais, incluindo 60 horas de TV por US$ 30, US$ 285,90 por 580 horas de TV e 580 horas de TV por US$ 285,90.

Os resultados demonstraram que quando uma oferta é fácil de calcular, como no caso dos dois primeiros grupos, não faz muita diferença o que vem primeiro, o item ou o preço. Mas quando a oferta é um pouco mais difícil de calcular, as coisas mudam um pouco, e a sequência item-preço tem preferência, principalmente no caso dos pacotes maiores. Por exemplo, as pessoas preferiram a oferta "580 horas de TV por US$ 285,90" a "US$ 285,90 por 580 horas de TV", mesmo sendo ofertas exatamente iguais.

Por quê? À medida que a complexidade da escolha aumenta, nossa atenção é direcionada à primeira informação apresentada, seja essa informação o item, o preço, a quantidade de horas etc. No caso do pay-per-view, os participantes preferiram a opção item-preço porque os benefícios foram listados primeiro. Esse efeito é intensificado no caso de contas mais complexas, dando lugar a diferentes avaliações e preferências por pacotes essencialmente iguais.

Existe uma lição prática e bastante útil a considerar aqui. Imagine, por exemplo, que você está desenvolvendo uma proposta de serviços de consultoria para um cliente. Sua proposta é bastante complexa, incluindo diferentes opções de profissionais envolvidos, serviços prestados, valores, prazos e locais. Nessa situação, segundo o estudo de Bagchi e Davis e outros afins, você deve fazer uma pequena, mas importante mudança de abordagem de modo a utilizar a estratégia item-preço.

Mas e nas situações em que a oferta for muito mais fácil de calcular ou envolver números menores? Embora os estudos indiquem que a ordem nesses casos não faz muita diferença, é melhor apresentar primeiro o que temos a oferecer. Considerando os grandes resultados que a estratégia item-preço promete, a mudança será relativamente pequena.

A ordem dos fatores pode ser importante inclusive nas situações em que, em vez de vender um produto, estamos vendendo a nós mesmos. Por exemplo, de acordo com a pesquisa, em vez de chamar atenção para os anos de experiência no currículo e depois apresentar uma lista de realizações, é mais produtivo apresentar as realizações primeiro e depois mencionar o período (ex.: "23 grandes projetos em 2,5 anos de trabalho"). Do mesmo modo, uma pessoa recém-formada deverá impressionar mais seus possíveis empregadores se, na carta de apresentação, disser que fez 37 matérias em 3,5 anos de faculdade, e não o contrário. Embora não possamos afirmar que essa estratégia por si só lhe abrirá todas as portas, como não há custos envolvidos, é outra pequena mudança que, no contexto de um mercado saturado, pode fazer uma grande diferença.

CAPÍTULO 39

Que *SMALL BIG* pode fazer que você consiga muito mais com muito menos?

Seja para quem deseja melhorar a eficácia da comunicação na vida pessoal ou profissional, o propósito deste livro é demonstrar, de maneira científica, que pequenas mudanças podem fazer grandes diferenças em termos de influência e persuasão.

Por exemplo, imagine que você é dono de uma pequena empresa e está lidando com um mercado cada vez mais competitivo, em que inúmeros concorrentes disputam a atenção de seus clientes. Num ambiente desses, é evidente que qualquer esforço a mais faz diferença. Acrescentar recurso extra a seu produto ou proposta como forma de incentivo pode ser o *SMALL BIG* que colocará sua empresa no lado dos vencedores.

Mas será que existem situações em que oferecer informações, incentivos ou recursos adicionais, além de não fortalecer seu negócio, acaba enfraquecendo-o? Em outras palavras, existem ocasiões em que *mais é menos*?

Segundo os cientistas comportamentais Stephen Garcia, Kimberlee Weaver e Norbert Schwarz, tendemos a acreditar que oferecer mais recursos e informações aumentará nosso poder de persuasão devido ao efeito "aditivo" de cada componente extra. No entanto, dizem os cientistas, as pessoas que avaliam nossas propostas não valorizarão esses extras, porque em vez do efeito aditivo, os componentes adicionais sofrem o efeito "nivelador". Da mesma forma que acrescentar água morna à água quente diminui a temperatura desta última, tentar fechar um negócio acrescentando componentes extras a uma proposta já forte pode diminuir a atratividade dela.

Para testar essas ideias, os pesquisadores realizaram uma série de experimentos. Num desses experimentos, os participantes foram divididos em vendedores e compradores. Os vendedores tinham que escolher entre dois pacotes de MP3 para comercializar: (1) iPod touch, com opção de capa; (2) iPod touch, com opção de capa + download gratuito de músicas. Os compradores, por sua vez, deviam imaginar que estavam querendo comprar um tocador de MP3 para um amigo e avaliar quanto pagariam por cada pacote.

A grande maioria dos vendedores (92%) escolheu o pacote que incluía a opção de download gratuito de músicas. Curiosamente, os compradores estavam dispostos a pagar menos por esse pacote do que pelo pacote sem essa opção. É um paradoxo, mas o acréscimo da opção de download na tentativa de incrementar a oferta acabou desvalorizando o pacote de MP3.

Em outro experimento, os participantes no papel de cliente em busca de hospedagem deveriam definir quanto pagariam por um quarto num hotel cinco estrelas. Ao serem informados de que o hotel também tinha um restaurante três estrelas, os participantes, de uma hora para a outra, resolviam pagar 15% menos. O interessante é que quase 75% dos participantes no papel de dono de hotel erraram na previsão de que o acréscimo do restaurante valorizaria sua oferta, quando na verdade aconteceu justamente o contrário.[4]

O padrão em todos os estudos foi o mesmo. Os vendedores acreditavam que gastar mais dinheiro e incrementar sua proposta já forte valorizaria sua oferta. No entanto, o acréscimo de opções acabou enfraquecendo-a.

---

4 Embora os pesquisadores não tenham testado esse ponto, os clientes provavelmente teriam pagado mais se o restaurante fosse cinco estrelas, porque a média permaneceria igual.

Que *small* *big* pode fazer com que você consiga muito mais com muito menos?

Alguns leitores devem estar pensando que toda essa história funciona para quem vende produtos ou serviços como iPods e quartos de hotel, mas e no caso de alguém cujo desafio é vender uma ideia, por exemplo?

Os pesquisadores pensaram nisso também. Imagine que você conseguiu um emprego na prefeitura de sua cidade, e sua missão é reduzir o lixo jogado nas ruas. Você precisa definir uma penalidade para quem for pego jogando lixo no chão. O que você escolheria?

Penalidade A: multa de US$ 750 mil.
Penalidade B: multa de US$ 750 mil + 2 horas de serviço comunitário.

Os pesquisadores fizeram essa pergunta a servidores públicos, verificando que 86% escolheram a penalidade B, embora um grupo isolado de indivíduos avaliando as consequências das duas penalidades tenha considerado a penalidade B (multa de US$ 750 mil + 2 horas de serviço comunitário) menos severa que a penalidade A (só a multa de US$ 750 mil)! Nesse exemplo, o acréscimo de algo negativo a uma situação já desagradável tornou-a mais atraente. Mas por que essa disparidade entre quem apresenta a proposta e quem a avalia?

Garcia e seus colegas chegaram à conclusão de que quem apresenta uma proposta tem a tendência de focar nos componentes individuais de sua oferta, fazendo uma avaliação gradual de sua oferta. Por outro lado, quem avalia uma proposta costuma considerar a oferta de modo mais holístico, focando no todo.

Então a recomendação é simplesmente não oferecer informações ou recursos adicionais? Claro que não. A recomendação é aproveitar o melhor de cada estratégia. Em vez de investir dinheiro extra para oferecer um pequeno adicional para todos os clientes, o conselho é fazer uma pequena mudança e investir a mesma quantia num adicional mais significativo para alguns clientes seletos. Isso lhe trará dois benefícios.

Primeiro, você não desperdiça recursos com adicionais que, como água morna em água quente, só reduzem o valor de sua proposta. Segundo, você faz valer o princípio da reciprocidade, oferecendo adicionais personalizados para seus melhores clientes.

CAPÍTULO 40

Como o PEQUENO ato de utilizar a unidade como referência pode fazer uma GRANDE diferença em nossas propostas?

Imagine que você tem uma viagem de negócios e quer aproveitar as duas horas de voo para colocar a leitura em dia. Você vai até a livraria perto de casa em busca de algo interessante para ler e na seção de best-sellers depara com um livro que chama sua atenção – ele diz oferecer mais de 50 maneiras de tornar-se um comunicador eficaz e influente. Como o propósito de sua viagem é encontrar um novo cliente, e você já sabe que terá de se esforçar para convencê-lo, a ideia de ter acesso a mais de 50 estratégias de persuasão lhe parece bastante atraente. Então, você decide comprar o livro.

Na hora de pagar, repara que o livro está sem preço. O dono da loja, explicando que o sistema está fora do ar, sugere que você pague o quanto acha que o livro vale. A questão é: você pagaria mais por esse livro (de 52 insights) se considerasse primeiro quanto pagaria por um insight?

Segundo os cientistas comportamentais, a resposta é óbvia: claro que sim! Curiosamente, esse ato aparentemente simples, de pedir a alguém para considerar primeiro um elemento isolado de uma solicitação, pode fazer uma grande diferença em termos de aceitação frente a elementos subsequentes muito maiores. Esse SMALL BIG – estratégia conhecida como *referência-unidade* –, é muito útil em várias situações, e não só para estabelecer o preço de um livro (por melhor que ele seja).

Para dar um exemplo, consideremos como uma instituição de caridade pode beneficiar-se desse SMALL BIG para aumentar o número de doações. Um desafio comum de quem arrecada recursos é que os potenciais doadores, desconhecendo o número de pessoas que precisam de ajuda, costumam doar sempre a mesma quantia, seja para um indivíduo, centenas ou milhares. Segundo os pesquisadores Christopher Hsee, Jiao Zhang, Zoe Lu e Fei Xu, as pessoas doariam mais se primeiro tivessem que indicar quanto doariam para ajudar apenas uma vítima.

Em um de seus estudos, Hsee e seus colegas combinaram com os gestores de uma empresa chinesa de médio porte que enviassem um e-mail incentivando seus 800 colaboradores a participar de um programa de arrecadação de recursos para ajudar 40 estudantes provenientes de famílias de baixa renda. Quem quisesse ajudar deveria fazer sua doação uma semana após o recebimento do e-mail, num site específico configurado para recebê-las. Trezentos e vinte colaboradores visitaram o site. No entanto, sem eles saberem, metade foi direcionada a um site padrão, enquanto a outra metade foi direcionada a uma versão "referência-unidade" do site.

Os colaboradores que visitaram o site padrão leram a seguinte mensagem: "Pense nos 40 estudantes. Quanto você está disposto a doar para ajudá-los? Por favor, escreva o valor de sua doação: ___ yuans".

Depois de preencher o campo com o valor da doação, os colaboradores tinham a opção de rever o valor doado ou enviar.

A versão "referência-unidade" do site era semelhante à padrão, mas com uma diferença fundamental. Antes da pergunta referente aos 40 estudantes, os colaboradores deviam considerar quanto estavam dispostos a doar para ajudar um estudante. O site dizia: "Antes de decidir quanto doar para ajudar os 40 estudantes, por favor, pense primeiro em um estudante e responda à seguinte pergunta: Quanto você doaria para ajudá-lo? Por favor, indique o valor aqui: ___ yuans".

Depois de digitarem os valores que estariam dispostos a doar para ajudar um aluno, os colaboradores deveriam responder quanto doariam para ajudar os 40.

O simples ato de utilizar a unidade como referência exerceu um grande impacto nas doações. As pessoas que visitaram o site padrão doaram, em média, 315 yuans (cerca de US$ 50), enquanto as pessoas que visitaram o outro site doaram, em média, 600 yuans (mais de US$ 95). Uma única pergunta foi responsável pelo aumento de 90% no valor das doações.

Até aqui, tudo bem. Mas será que essa estratégia não tem nenhum aspecto negativo? Por exemplo: será que utilizar a unidade como referência não pode acabar diminuindo o número de doações, pela estranheza da pergunta? Os pesquisadores consideraram essa possibilidade, verificando que a pergunta não influenciou em nada no número total de visitantes que doaram.

Para quem arrecada recursos, o conselho é bem direto. No momento de criar uma campanha, talvez você se veja tentado a expor a escala do problema com o qual você está lidando, informando o número de pessoas que precisam de ajuda. Tal medida, porém, reduz o valor das doações, em vez de aumentar. A sugestão é direcionar a atenção dos doadores ao valor que estão dispostos a dar para ajudar uma pessoa, antes de pedir para todos.

Além do âmbito beneficente, existem outras áreas em que o SMALL BIG de utilizar a unidade como referência pode gerar ótimos resultados. Gestores que querem aumentar o orçamento anual para viagens têm mais chances de conseguir recursos se primeiro perguntarem ao gestor do departamento de quanto ele disporia para uma única viagem. Da mesma forma, educadores que solicitam o apoio de pais e patrocinadores para conseguir livros para a escola devem primeiro inquirí-los sobre um único aluno, antes de pedir para a turma toda. Um usuário do eBay pode obter melhores ofertas para produtos que venham em pacote (ex.: taças de cristal, caixa de DVDs, malas) se colocar a pergunta "Quanto você pagaria pela unidade?" ao lado da descrição do produto.

Como o pequeno ato de utilizar a unidade como referência pode fazer uma grande diferença em nossas propostas?

É importante reconhecer, contudo, que apesar da grande abrangência dessa estratégia, existe uma situação específica em que ela é limitada: quando a meta é um número muito grande. Por exemplo, de acordo com Hsee e seus colegas, em campanhas beneficentes cujo objetivo é ajudar dezenas de milhares de pessoas, utilizar a unidade como referência dificilmente surtirá efeito, pela nossa tendência de classificar números muito grandes simplesmente como "muito".

Isso significa que as campanhas para ajudar milhares de pessoas não funcionam? Claro que não. Mas, nesse caso, os arrecadadores de recursos precisarão adotar uma estratégia diferente – uma estratégia, como todas as outras deste livro, que requer apenas uma pequena mudança de abordagem, como a que veremos no próximo capítulo.

CAPÍTULO 41

Por que chamar atenção para características específicas pode ser o *SMALL BIG* que impulsionará nossa campanha?

No dia 13 de março de 2002, um petroleiro indonésio pegou fogo a cerca de 900 quilômetros da costa de Honolulu, matando um tripulante e destruindo o sistema de comunicação e energia do navio. Passaram-se três semanas até que outro navio reconhecesse o sinal de socorro e viesse resgatar o capitão e dez sobreviventes.

Ninguém sabe direito por que a cadela do capitão, uma terrier de dois anos, chamada Forgea, foi deixada para trás, mas o comentário de uma das tripulantes sobre o assunto, no noticiário, incentivou uma missão de resgate. A operação, coordenada pelo Corpo de Fuzileiros Navais dos Estados Unidos, durou 16 dias e custou US$ 48 mil – boa parte financiada por campanha de arrecadação de recursos lançada por uma instituição beneficente local chamada Hawaiian Humane Society. Como o custo para resgatar cada tripulante era menos da metade do valor para salvar a cadela, você pode se perguntar o que a campanha tinha de tão especial para convencer os havaianos a doar tanto dinheiro a uma causa tão específica. Outra pergunta que podemos fazer: será que as lições dessa história aplicam-se a outros contextos de persuasão além da arrecadação de recursos e campanhas de caridade?

Pesquisas revelam que uma forma de aumentar tanto o número quanto o valor de cada doação é chamar atenção para uma característica específica que individualize a vítima identificada – como idade, sexo ou até a cor do cabelo. Apresentar esses detalhes cruciais logo no início ajuda a valorizarmos a vida que está em jogo, diferente de quando a vítima é apresentada como parte anônima e abstrata de um grupo maior. Por exemplo, um estudo sobre decisões médicas revelou que quando a fotografia do paciente é incluída na tomografia computadorizada, os médicos são mais atenciosos e cuidadosos no tratamento, por focarem no paciente como indivíduo, não como grupo.

A ideia de que somos mais generosos quando nossa atenção é atraída para vítimas apresentadas de maneira identificável e individualizada explica o grande número de doações feitas para salvar Forgea. Como único cão a bordo, Forgea era, obviamente, uma vítima identificável. Relatos descrevendo-a como uma terrier branca, de raça cruzada, que gostava de pizza e pesava 18 quilos, serviram para individualizá-la também.

Portanto, uma mudança simples que todos podem fazer quando quiserem conseguir apoio é realçar, logo no início, pequenas características que identifiquem e individualizem os beneficiários da campanha. Além da implicação evidente para instituições de caridade, gestores em reuniões orçamentárias, em vez de apresentar números insignificantes numa planilha, podem mostrar imagens que identifiquem e individualizem os membros de sua equipe. "Esta é a Mary, nossa analista-chefe. Ela, Jim, Lindsay e toda a equipe, apontaram para a necessidade de uma atualização no sistema este ano, o que representa x por cento do aumento orçamentário que estou apresentando".

Essas apresentações podem ser ainda mais eficazes se fizermos uma pequena mudança adicional em alinhamento com outro insight da ciência da persuasão. Os cientistas sociais George Loewenstein, Cynthia Cryder e Richard Scheines formularam a hipótese de que, além de destacar um "indivíduo identificável", uma campanha pode ser impulsionada por uma "intervenção identificada".

Em um de seus experimentos, os participantes foram divididos aleatoriamente em três grupos e colocados diante de um cenário online sobre doação para a Oxfam. Na "condição de doação geral", a mensagem dizia:

A Oxfam International é uma das confederações beneficentes mais importantes do mundo, oferecendo um grande número de serviços de ajuda humanitária. Se lhe pedissem para fazer uma doação para a Oxfam, quanto você doaria?

Numa segunda condição, "detalhes da doação/alto impacto", a mensagem era a mesma, com um pequeno acréscimo: "Um exemplo de como a Oxfam utiliza os fundos arrecadados é fornecendo acesso à água potável."

Finalmente, os participantes do grupo "detalhes da doação/baixo impacto" leram a mesma frase, só que a palavra "potável" foi substituída por "engarrafada", com base em testes anteriores, que revelaram que "água potável" gera mais impacto do que "água engarrafada".

Embora a mudança de palavras tenha sido pequena, o impacto nas doações não foi nada pequeno. Em comparação com os participantes da "condição de doação geral", que indicaram que doariam, em média, US$ 7,50, os participantes do grupo "detalhes da doação/alto impacto" (que receberam informações de como o dinheiro seria usado) doaram 37% mais. Um aumento considerável para uma mudança tão pequena. O conselho, portanto, é incrementar os pedidos de recursos extras – sejam informações, tempo, dinheiro ou até pessoas – com uma intervenção identificável em nossa proposta.

Do mesmo modo, o gestor em busca de orçamento extra para uma atualização do sistema deve especificar para seus superiores o impacto desse investimento. Mas especificar como?

Para uma possível resposta, voltemos ao estudo de Loewenstein, Cryder e Scheines, principalmente aos participantes da condição "detalhes da doação/baixo impacto", que contribuiriam para o fornecimento de água engarrafada, em vez de água potável. Evidentemente, doaram menos que os participantes da condição de alto impacto. Mas, surpreendentemente, também doaram menos que os participantes que não receberam nenhuma informação extra.

Por que chamar atenção para características específicas pode ser o *small big* que impulsionará nossa campanha?

O motivo é que os detalhes das intervenções só fazem diferença se promoverem um impacto evidente. No exemplo da Oxfam, é fácil entender por que os potenciais doadores acreditavam que o fornecimento de água engarrafada teria menos impacto do que o fornecimento de água potável – tanto que o valor das doações foi menor do que no grupo que não tinha informação nenhuma.

Este insight nos leva a uma armadilha muito comum, em que os comunicadores costumam cair. Na hora de especificar o impacto dos recursos extras que estão solicitando, geralmente cometem o erro de destacar o efeito dos recursos em sua própria vida e não na vida de quem está fazendo a doação. Por exemplo: o gestor em busca de recursos extras para financiar a atualização do sistema pode facilmente cair na armadilha de focar no impacto que o orçamento terá sobre a capacidade de sua equipe de oferecer melhores serviços – em vez de chamar atenção para o impacto que a atualização do sistema terá na organização como um todo.

Portanto, em situações nas quais precisamos persuadir alguém a doar recursos para nos ajudar a alcançar uma meta, esses *small bigs* demonstram que devemos chamar a atenção para as características específicas tanto da entidade quanto da intervenção envolvida.

CAPÍTULO 42

Que *SMALL BIG* pode assegurar que nossos custos não sejam de oportunidades perdidas?

Seja no caso de persuadir clientes a comprar um produto nosso, convencer os outros a contratar nossos serviços de consultoria ou conseguir que colegas de trabalho apoiem nossas iniciativas, a maioria de nós há de concordar que a missão se torna muito mais fácil quando, além de termos bons argumentos, também contarmos com clara vantagem de preço.

O que acontece às vezes, porém, é que, mesmo com a melhor combinação de produto e preço, nossos planos não dão certo. Existem diversos motivos para isso, mas um dos principais é um erro comum cometido por quem está em posição vantajosa. Felizmente, os comunicadores que estiverem cientes desse erro, além de conseguirem evitá-lo – fazendo uma pequena mudança na mensagem –, poderão aumentar sua vantagem sobre a concorrência.

O erro comum é a tendência humana de ignorar o que os economistas chamam de "custo de oportunidade" de uma decisão: os benefícios diretos que poderíamos ter recebido se tivéssemos feito outra escolha. Por exemplo, imagine que você decide ir à academia no caminho para o trabalho amanhã de manhã. O custo de oportunidade dessa decisão é aquilo que você renunciará – nesse caso, mais uma hora de sono. No caso da persuasão, o erro comum cometido pelos comunicadores é achar que seu público-alvo (as pessoas que estão tentando persuadir) considerarão automaticamente seus próprios custos de oportunidade ao tomar decisões. Por exemplo, imagine que você está vendendo um produto de boa qualidade, mais barato do que a concorrência. Como vendedor, é fácil cair na armadilha de achar que seus potenciais clientes reconhecerão a economia que podem fazer, chegando à conclusão de que sua opção é a melhor, pela diferença de custo.

No entanto, segundo o estudo realizado pelo pesquisador de consumo Shane Frederick (e seus colegas), as pessoas não avaliam essas informações tanto quanto desejaríamos. E quando isso acontece, o que muitas vezes consideramos nossa maior vantagem competitiva talvez passe despercebido se não tomarmos pequenas medidas para sermos mais proativos em nossa abordagem.

Parece óbvio que os tomadores de decisões considerarão fatores como os custos de oportunidade de escolher a opção A em detrimento da opção B (menos cara). Parece óbvio que as pessoas reconhecerão que gastar US$ 500 a mais na opção A significa não ter esses US$ 500 para gastar em outras oportunidades. De acordo com Frederick e seus colegas, porém, as pessoas não pensam muito nisso, principalmente quando estão sobrecarregadas de escolhas e decisões. A solução para o problema é simples, embora frequentemente ignorada: dar uma ajudinha aos tomadores de decisões expondo o *trade-off* de maneira sutil.

Em um dos experimentos realizados, os participantes foram divididos aleatoriamente em dois grupos, recebendo a oportunidade de comprar um DVD por US$ 14,99. Para um grupo, as opções apresentadas foram "Comprar o DVD" ou "Não comprar o DVD". Para o outro grupo, porém, as opções foram "Comprar o DVD" ou "Guardar os US$ 14,99 para outras compras". Embora as duas descrições sejam equivalentes – afinal, "não comprar" significa guardar o dinheiro para outras compras –, essa pequena mudança de abordagem gerou uma grande diferença no resultado, diminuindo a porcentagem de compras no segundo grupo de 75% para 55%.

Os autores da pesquisa ressaltaram que a fabricante e varejista Ikea utilizou essa estratégia de maneira brilhante numa campanha publicitária em Cingapura. O cartaz do anúncio era dividido ao meio. No lado esquerdo, via-se uma mulher infeliz na frente de um lindo armário com um único par de sapatos. A legenda embaixo dizia: "Armário personalizado US$ 1.670 + 1 par de sapatos US$ 30 = US$ 1.700". No lado direito, via-se uma mulher na frente de um armário Ikea menos ornamentado, mas cheio de sapatos. A legenda mostrava que o preço do armário (US$ 245) mais o preço de 48 pares de sapato (US$ 1.440) ainda era inferior aos US$ 1.700 do lado esquerdo.

É interessante observar nesse exemplo que o dinheiro que a cliente economizou foi utilizado para comprar os mesmos produtos (armário e sapatos). Frederick e seus colegas dizem que não precisa ser sempre assim.

Em outro experimento, os participantes deveriam escolher entre dois telefones celulares. O melhor era US$ 20 mais caro. Um pouco antes, porém, os pesquisadores pediram à metade dos participantes para pensar no que poderiam comprar com US$ 20, verificando que esse grupo mostrou-se 50% mais propenso a escolher o celular menos caro, em comparação com as pessoas que não pensaram em nada antes.

Uma pequena mudança, portanto, que todo comunicador pode fazer para aumentar a eficácia de suas mensagens é explicitar as vantagens extras de sua oferta além da oferta em si. Um político, ao descrever uma nova política que ajudará as famílias a economizarem US$ 250 por ano, pode dar ideias do que fazer com o dinheiro extra, como viajar, investir na educação dos filhos ou simplesmente ter um caixa para momentos de vacas magras. Um consultor de TI que queria convencer um cliente de que seu software é o mais em conta pode incrementar sua proposta dando exemplos de como utilizar o tempo e o dinheiro economizados.

Um gestor de vendas que pede aos vendedores para pensar no que farão com o bônus do próximo trimestre se as metas forem alcançadas está utilizando um SMALL BIG capaz de aumentar significativamente as vendas – principalmente se os planos de gastos forem exibidos no quadro de avisos da equipe.

Adotar SMALL BIGS que ressaltem os custos de oportunidade pode ajudar nos planos de aposentadoria também. Cada um de nós tem um casal amigo que (assim como muitos casais com filhos) vivem no dilema entre gastar agora ou economizar para se aposentar mais cedo. A solução com base na ideia de SMALL BIG é criar uma unidade de gastos chamada "aposentadoria uma semana antes". Quando estiverem diante de uma decisão cara, basta comparar o custo dessa decisão com o custo de oportunidade de se aposentar algumas semanas mais cedo. Pouco tempo atrás, nossos amigos nos contaram que um casal havia se mudado para uma casa mais cara, e que eles ficaram com vontade de fazer o mesmo. No entanto, frente à constatação de que o custo da mudança equivaleria a um atraso de quatro anos na aposentadoria, decidiram ficar onde estavam.

Evidentemente, é importante chamar a atenção para oportunidades que valham a pena. Os autores dão o exemplo de um site antiguerra que descrevia o custo da guerra no Iraque (que na época chegou a US$ 300 bilhões para os Estados Unidos, segundo estimativas) como "a perda de nove bolos Ana Maria por dia, por cada americano, no período de um ano". Nesse contexto, por mais bem-intencionada que fosse a mensagem, os defensores da paz acabaram se tornando seu maior inimigo.

Mesmo com o fiasco, há uma importante lição aqui para quem tem propostas, políticas e produtos caros. Em vez de focar nos custos de oportunidade como algo atrativo e relevante, apresente-os como algo irrelevante. A empresa de mineração e comércio de diamantes, De Beers, deu um excelente exemplo numa campanha publicitária recente, apresentando a fotografia de dois brincos de diamante. A legenda?

"Deixe para reformar a cozinha *no ano que vem*."

CAPÍTULO 43

Que *SMALL BIG* pode ajudar a motivar os outros (e a nós mesmos) a finalizar tarefas?

Imagine que um dia você e um amigo se encontram para tomar um café. Depois de fazer o pedido e pagar, a barista lhe entrega um cartão de fidelidade, explicando que a cada café você ganha um carimbo. Com dez carimbos, você pode trocar o cartão por um café grátis. Você pega o cartão e repara que já tem *dois* carimbos, aproximando-o da gratuidade.

O progresso rumo à meta pode ser encarado de duas maneiras: você já completou 20% do processo ou ainda faltam 80% para chegar lá. Qual das duas opções o motivará mais?

A resposta, como veremos, não é importante somente para os donos de café que queiram fidelizar seus clientes, mas para qualquer pessoa com o desafio de persuadir os outros (e a si mesma) a finalizar tarefas. (A propósito, antes de você continuar lendo, saiba que você já leu 10% deste capítulo específico).

Segundo as pesquisadoras da persuasão Minjung Koo e Ayelet Fishbach, nossa motivação de finalizar uma tarefa pode aumentar com uma pequena mudança de foco. No início da tarefa, focar no pequeno progresso já feito é mais motivador do que focar no que falta para alcançar a meta.

Para testar suas ideias, Koo e Fishbach realizaram uma série de estudos fascinantes, incluindo um experimento num conhecido restaurante japonês. Ao longo de quatro meses, 900 clientes foram inscritos num programa de fidelidade: a cada dez refeições, uma refeição grátis, à escolha do cliente. Metade dos clientes recebeu um cartão em branco, com a informação de que, a cada refeição, ganhariam um carimbo. Nessa condição, a atenção dos clientes era direcionada ao progresso feito. Chamemos esses clientes de grupo do "progresso *acumulado*".

A outra metade dos clientes recebeu um cartão já com os dez carimbos. A cada refeição, um carimbo era removido com um perfurador de papel. A atenção, nesse caso, era direcionada ao progresso restante para ganhar a refeição gratuita. Chamaremos esses clientes de grupo do "progresso *restante*".

Devemos observar que, como o estudo foi realizado num restaurante em funcionamento, ocorreram diferentes tipos de transação. Por exemplo: um cliente almoçando sozinho recebia um único carimbo (ou furo) no cartão, significando um pequeno progresso em direção à meta. Um cliente que pagava para um grupo de amigos ou companheiros de trabalho recebia vários carimbos (ou furos) no cartão, significando um grande progresso em direção à meta.

Analisando os resultados, as pesquisadoras verificaram que os clientes que fizeram um pequeno progresso inicial pagando só para si mesmos ou para poucos convidados tinham maior probabilidade de voltar ao restaurante na condição do "progresso acumulado". Na condição do "progresso restante", acontecia o contrário: os clientes que fizeram um grande progresso inicial é que voltavam com maior frequência.

Por que a diferença? Porque nos dois casos os clientes se sentiam mais motivados a alcançar a meta quando seu foco era direcionado para o menor número – fosse o progresso já feito (você já completou 30% do caminho rumo a um almoço grátis) ou o esforço restante (falta apenas 30%). Koo e Fishbach cunharam a expressão "hipótese da pequena área" para esse conceito.

A implicação do estudo é clara: seja sua meta aumentar o sucesso do programa de fidelidade de sua empresa ou simplesmente motivar os outros (ou a si mesmo) a finalizar tarefas, a probabilidade de você alcançar o que deseja será muito maior se, nos estágios iniciais, a atenção for direcionada ao pequeno *progresso* já feito, não ao que falta.

Um motivo para isso é que nos estágios iniciais de uma tarefa, focar no menor número condiz com o desejo humano de demonstrar eficácia. Uma ação que leva alguém de 20% para 40% da tarefa completa representa o dobro do progresso – uma ação deveras eficaz. Compare isso com um avanço de 60% para 80%. Embora o progresso seja o mesmo, 20% é apenas um quarto do total realizado.

Desse modo, um gestor ou supervisor que quiser manter a equipe motivada a alcançar determinada meta de vendas (ou desempenho) deve, nos estágios iniciais, fornecer feedback sobre o progresso já feito, dizendo, por exemplo, "Estamos apenas na segunda semana do novo trimestre e vocês já atingiram 15% da meta" em vez de "Tivemos um ótimo começo na primeira semana, agora só faltam 85%".

Da mesma forma, uma pessoa que quer motivar a si mesma a economizar dinheiro para comprar uma TV nova com tela de alta definição ou liquidar a dívida do cartão de crédito pode fortalecer o compromisso focando no pequeno, mas importante, progresso já realizado em direção à meta. Bancos e sociedades financeiras podem até ajudar seus clientes indicando no extrato (ou online) o progresso do plano de poupança, da mesma forma que o LinkedIn indica o progresso em relação ao preenchimento do perfil.

Mas lembra dos clientes no restaurante japonês que pagaram para os amigos, acumulando vários carimbos logo no início? No caso deles, o progresso *restante* é menor do que o progresso acumulado, fazendo que a probabilidade de completar o cartão seja maior se a atenção deles for direcionada ao esforço remanescente, que é um número menor.

Isso significa que precisamos fazer uma pequena mudança no meio do caminho. Quando passamos da metade, nossa motivação será mais forte se o foco estiver no esforço restante (o número menor). Incentivos como "Só faltam 20% para você atingir sua meta" funcionam muito melhor do que "Você já realizou 80% da meta".

Faltando apenas 20% para terminar o capítulo, agora talvez seja um bom momento para apresentar exemplos práticos de como essa pequena mudança de foco pode gerar grandes diferenças em termos de persuasão!

De companhias aéreas e hotéis a cafés e lojas de cosméticos, muitas empresas possuem programas de recompensa ao cliente com um mecanismo de feedback já embutido, para que os clientes saibam do progresso feito em relação àquele upgrade no voo, à diária grátis ou, no caso dos cafés, ao próximo mocaccino duplo gratuito! De acordo com a hipótese da pequena área, independentemente de onde o cliente esteja na jornada rumo à recompensa, devemos focar sempre no menor número, seja no progresso feito ou no esforço restante. As companhias aéreas devem focar nas milhas adquiridas até o cliente chegar à metade da meta e depois focar nas milhas restantes para completá-la. Os baristas devem indicar aos clientes o pequeno progresso feito ou o pequeno esforço restante na hora de carimbar o cartão de fidelidade.

Da mesma forma, aqueles envolvidos com *coaching* e treinamento devem ter o cuidado de oferecer feedback e sugestões de modo a ressaltar a menor área, seja o que já foi realizado ou o que falta realizar. Gestores e supervisores que queiram influenciar e persuadir a equipe a aprimorar suas habilidades devem incluir esses indicativos de pequena área nos planos de desenvolvimento dos colaboradores. Uma maneira de fazer isso é acrescentar ao plano de desenvolvimento o progresso percentual realizado por cada colaborador em direção a determinado objetivo, não se esquecendo de mudar no meio do caminho para o progresso restante. Essa pequena mudança aumenta a probabilidade de que a atenção da equipe esteja voltada para a menor área, gerando grandes diferenças de desempenho.

E quando o desafio é motivar a si mesmo a terminar aquela aula de spinning de uma hora ou a corrida de 10 quilômetros da semana que vem: focar no tempo que já passou ou na distância percorrida nos estágios inicias e, mais para o final, mudar para o tempo ou a distância que faltam pode ajudar bastante. Quem estiver empenhado a perder peso (ou a parar de fumar) deve enfatizar os quilos perdidos (ou os dias sem fumar) nos estágios iniciais do programa e depois direcionar a atenção aos quilos (ou dias) que faltam para atingir a meta estipulada.

CAPÍTULO 44

Que SMALL BIG pode aumentar a fidelidade dos clientes?

A *yesmywine.com* – loja virtual de vinhos – tem um programa de fidelidade bem interessante. Ao comprar um vinho de determinado país, o cliente ganha uma "medalha do país". Quem juntar 12 medalhas diferentes em um ano ganha um bônus. Mas existe uma pegadinha. Para receber o bônus, o cliente precisa juntar as medalhas numa ordem específica, determinada pela loja. Por exemplo, o cliente talvez tenha que comprar, digamos, uma garrafa de vinho francês em janeiro, um vinho australiano em fevereiro, um vinho italiano em março e assim por diante até o final do ano, não 12 garrafas de 12 países diferentes à sua escolha.

Considerando que o número de compras exigido nunca muda (são sempre 12 garrafas), esse programa de fidelidade parece um pouco rígido demais. Poderíamos achar que, em comparação com os programas de fidelidade tradicionais, um programa com uma restrição esquisita dessas deve atrair menos clientes. Afinal de contas, se quisermos persuadir os outros a finalizar tarefas, sobretudo tarefas com várias etapas (compras, no caso dos programas de fidelidade), devemos lembrar que a maioria das pessoas dá preferência a um processo mais flexível e com menos obstáculos.

Por que, então, uma empresa que presumivelmente quer atrair mais clientes e promover a fidelidade cria um programa aparentemente contra o que a maioria das pessoas deseja? Embora as pessoas digam que preferem ter flexibilidade na hora de alcançar metas e objetivos, *a rigidez pode exercer uma influência surpreendentemente positiva no alcance dessas metas.*

Quando estamos decidindo se perseguiremos determinada meta, costumamos considerar dois fatores: valor e viabilidade. Por exemplo, uma equipe de desenvolvimento de negócios com a missão de conseguir um novo cliente estrategicamente importante para a empresa precisa avaliar não só o valor desse novo cliente, mas também as chances reais de obtê-lo. Da mesma forma, para quem quiser aprender uma nova habilidade ou fazer uma reciclagem com vistas a um novo emprego, não adianta só imaginar como será a vida depois do aprendizado. A pessoa também precisa considerar os passos necessários para alcançar a meta desejada.

Como para atingir uma meta precisamos não só defini-la, mas também segui-la, será que, em algumas situações, aquilo que nos convenceu a perseguir uma meta acaba prejudicando seu alcance? Por exemplo, no caso da loja virtual de vinhos, a flexibilidade de poder comprar vinhos em qualquer ordem pode ser mais atraente do que a rigidez de ter que comprar vinhos numa ordem específica. Consequentemente, mais clientes se convencerão a aderir ao programa de fidelidade. Mas depois, será que a flexibilidade que os atraiu ao programa pode acabar *diminuindo* a motivação de fazer as compras necessárias para alcançar a meta proposta?

As cientistas comportamentais Liyan Jin, Szu-chi Huang e Ying Zhang achavam que mais pessoas se comprometeriam com esse tipo de meta se pudessem escolher a ordem das etapas (em vez de arcar com uma ordem preestabelecida), mas, uma vez iniciado o processo, quem tivesse flexibilidade teria menos chance de atingir a meta.

Para testar essa ideia, 800 clientes de uma loja de iogurte, de um centro comercial muito movimentado, receberam um cartão de fidelidade que prometia um iogurte gratuito após seis compras.

Metade dos cartões requeria a compra de seis sabores diferentes em qualquer ordem, e a outra metade, na ordem banana-maçã-morango-manga-uva. Além disso, metade dos cartões exigia a presença dos clientes no dia seguinte para ativar o cartão, e a outra metade não. Essas duas últimas condições foram importantes, pois permitiram que as pesquisadoras medissem a motivação dos clientes de dar início ao programa.

Confirmando a hipótese inicial, o número de clientes com o cartão "seis sabores em qualquer ordem" que voltaram no dia seguinte para ativá-lo foi muito maior do que o número de clientes com o cartão "seis sabores nesta ordem" que fizeram o mesmo (30% contra 12%). Curiosamente, em termos de cartões completados, aconteceu o contrário. O número de clientes com o cartão "seis sabores nesta ordem" que o completaram foi muito maior. Mas por quê?

Uma possível razão é que uma ordem predeterminada elimina, ou pelo menos reduz, o número de "pontos de decisão" desnecessários que podem surgir quando seguimos um plano. E uma coisa que valorizamos no mundo sobrecarregado de informações em que vivemos é poder tomar menos decisões. Em estudos adicionais, Jin e suas colegas encontraram comprovações para essa ideia. As pessoas que seguiram uma ordem predeterminada relataram que a limitação de escolhas fez que a meta se tornasse mais fácil de ser alcançada e que se sentissem mais à vontade no processo.

Até aqui, tudo bem. Mas espera um minuto. Os clientes que receberam o cartão com a ordem predefinida fizeram mais compras, mas também aderiram menos (ao programa de fidelidade). Então, se uma estrutura rígida aumenta a probabilidade de completarmos uma meta, mas diminui o número de adesão, qual o efeito final? As pesquisadoras investigaram isso também. A resposta, como de costume na ciência da persuasão, é que depende do contexto.

Em situações em que a escolha é relativamente simples e a motivação de atingir a meta é grande, a flexibilidade funciona melhor. Mas quando a mudança requerida é mais difícil ou a motivação é pequena, a ordem preestabelecida é a melhor opção.

Essa pesquisa tem implicações óbvias para os programas de fidelidade das empresas, mas existe uma série de outras implicações. Imagine um gestor que deseja que seus colegas adotem uma iniciativa nova. Antes de definir um plano numa ordem flexível ou rígida, ele deve se fazer uma pequena pergunta capaz de gerar grandes resultados: "A questão mais difícil aqui é a adesão ao plano ou seu cumprimento?". Se a resposta for a adesão, a ordem dos passos deve ser flexível e essa flexibilidade deve ser enfatizada no momento de anunciar o plano.

Se o problema maior for na fase de execução, a ordem deve ser muito bem-estruturada e o gestor deve explicar que, uma vez colocado em prática, o programa é bastante simples.

A ideia de que uma ordem estruturada pode nos ajudar a alcançar determinadas metas pode servir também para as organizações de saúde, que enfrentam o desafio de persuadir as pessoas a seguir o tratamento prescrito. Segundo os estudos, mudar os remédios de um blíster monocromo para um blíster colorido, fornecendo instruções claras de que remédio tomar em que horário, pode ser bom, tanto para os pacientes quanto para os profissionais de saúde. Os pacientes podem, por exemplo, ser orientados a tomar os comprimidos brancos nos três primeiros dias de tratamento, os comprimidos azuis nos três dias seguintes e os comprimidos vermelhos nos últimos. Embora não haja diferença no princípio ativo dos comprimidos em si, a maneira de tomá-los pode ser a pequena mudança que faltava para os pacientes serem mais fiéis ao tratamento.

Do mesmo modo, varejistas e fabricantes de produtos automontáveis, como móveis, por exemplo, podem ajudar os clientes a seguir as instruções de montagem definindo cores para cada etapa do processo, com uma ordem explícita. Essa pequena mudança, além de facilitar a montagem, em alguns casos, salvará casamentos.

E quando a questão é motivar a si mesmo a aprender uma nova habilidade – principalmente se for algo difícil ou você estiver numa situação em que há muitas distrações em sua vida –, a abordagem rígida, embora menos atrativa, pode fazer a diferença na hora de aprender a tocar ukulele para entrar naquela banda de folk que você sempre quis.

CAPÍTULO 45

Que SMALL BIG pode fazer que 1 + 1 seja mais do que 2?

Como qualquer economista que se preze dirá, o ser humano é movido por incentivos. Os psicólogos comportamentais, contudo, complementarão ressaltando que nossa resposta é influenciada tanto pelo contexto em que o incentivo é apresentado quanto pela oferta em si. Por exemplo, geralmente somos mais persuadidos pela ideia de perder alguma coisa do que pela ideia de ganhar essa mesma coisa. No âmbito "perda x ganho", elementos de mesmo valor econômico podem ter um valor psicológico muito diferente.

O tempo representa um contexto importante também. Estudos demonstraram que temos a tendência de viver o presente à custa do futuro. Numa escolha entre US$ 20 hoje ou US$ 21 amanhã, a maioria das pessoas preferirá o dinheiro na mão. Mudando o contexto, porém – US$ 20 daqui a sete dias ou US$ 21 daqui a oito dias –, as pessoas optarão por esperar um pouco mais pela recompensa maior, provando como somos incoerentes em termos de decisões e comportamento.

Portanto, para usar os incentivos como forma de influência, o contexto possui extrema importância. De acordo com um estudo, uma mudança aparentemente pequena e irrelevante, como dividir as recompensas em diferentes categorias, pode aumentar nossa motivação de adquiri-las – mesmo que as categorias sejam insignificantes.

Segundo os cientistas comportamentais Scott Wiltermuth e Francesca Gino, nossa motivação de receber recompensas pode ser influenciada pela categoria atribuída à recompensa. Em um dos estudos que realizaram, os participantes tinham a possibilidade de receber uma recompensa fazendo um exercício escrito que lhes tomaria não mais do que dez minutos. A recompensa consistia em diversos itens divididos em duas grandes caixas de plástico, e cada participante poderia escolher um deles. Todos os participantes, porém, foram informados de que se resolvessem (por conta própria) fazer um segundo exercício, de dez minutos também – totalizando vinte minutos de trabalho –, poderiam escolher um segundo item das recompensas disponíveis.

Sem os participantes saberem, eles foram divididos aleatoriamente em dois grupos, e cada grupo recebeu uma informação diferente. O primeiro grupo foi informado de que se fizessem a tarefa adicional, poderiam escolher uma recompensa de qualquer uma das duas caixas. O segundo grupo, em contrapartida, foi informado de que, caso realizassem a tarefa adicional, as duas recompensas teriam que ser de caixas diferentes, porque as caixas continham "categorias diferentes de recompensas".

Curiosamente, embora fosse visível que as duas caixas continham os mesmos itens, no segundo grupo a motivação de realizar a tarefa extra foi *três vezes maior* do que no primeiro grupo. Talvez, mais surpreendente seja o fato de que os participantes que receberam liberdade para escolher suas recompensas das duas categorias realizaram a tarefa com muito mais entusiasmo e alegria.

Por que a perspectiva de receber recompensas de duas categorias diferentes serviu de motivação maior do que a perspectiva de receber o mesmo número de recompensas (de mesmo valor, diga-se de passagem) de uma única categoria? E por que a alegria?

De acordo com Wiltermuth e Gino, a divisão das recompensas em categorias (mesmo categorias insignificantes) fez que as pessoas sentissem que estavam perdendo algo se não realizassem a tarefa adicional. Portanto, se você quiser influenciar os outros a realizar tarefas oferecendo incentivos ou recompensas, dividir esses incentivos em categorias diferentes pode, sem alterar seu valor econômico, aumentar seu valor *psicológico*, por conta da aversão humana em relação à perda.

Essas descobertas podem ser bastante úteis para qualquer pessoa que tenha o interesse ou a responsabilidade de motivar os outros por meio de incentivos. Por exemplo, um gerente de vendas com a missão de motivar os colaboradores por meio de novos incentivos de vendas, ou programa de bônus, pode otimizar sua influência dividindo as recompensas em duas categorias diferentes. O colaborador só terá acesso à segunda categoria depois de receber algo da primeira. Além de estimular os colaboradores a fazer mais esforço para conseguir os dois tipos de recompensa, essa estratégia também pode aumentar o entusiasmo do processo.

Esse efeito de categorização pode até ajudar quem está em dificuldades financeiras. Pessoas com muitas dívidas têm a tendência de pagar primeiro as dívidas menores, pela sensação de progresso rumo à liberdade financeira. Evidentemente, a tática só piora a situação, porque as dívidas maiores acumulam mais juros, provocando uma bola de neve. Bancos e instituições financeiras podem ajudar, dividindo as dívidas grandes em duas dívidas menores, digamos, dívida A e dívida B. Economicamente, não muda nada, mas psicologicamente, sim. Essa pequena mudança, que direcionaria a atenção das pessoas às dívidas maiores, pode fazer uma grande diferença na redução das taxas de juros.

CAPÍTULO 46

Como um PEQUENO passo para trás pode gerar um GRANDE salto para a frente?

A complexidade da vida moderna apresenta situações que até as pessoas mais experientes têm dificuldade de resolver. Felizmente – ou infelizmente, dependendo do ponto de vista –, as respostas de como lidar com um cliente difícil ou uma questão espinhosa no trabalho estão mais próximas do que imaginamos. Muitas vezes, a ajuda vem de um colega prestativo, que tem o maior prazer em compartilhar sua experiência conosco.

Mas atenção, conselhos como: "você deve dar um tempo para refletir" e "por que não recuar um pouco para ver a questão de outro ângulo?", embora bem-intencionados, podem refletir uma falta de compreensão mais profunda da situação. Isso porque, devido à distância, o desafio de uma pessoa pode parecer muito diferente para outra. Mas antes de sair descartando todos os conselhos que lhe dão, vale a pena considerar o seguinte: segundo as evidências científicas, é bom criar um distanciamento físico consciente do problema para encontrar sua solução.

Talvez mais interessante ainda seja a descoberta de que criar um distanciamento físico, além de nos ajudar a resolver problemas e tomar decisões, também pode nos dar vantagem persuasiva. Por exemplo, pedir para nossos potenciais clientes, sobretudo nos estágios iniciais de propostas e apresentações, darem um passo para trás antes de considerar nossos produtos e serviços pode aumentar a probabilidade de fecharmos negócio.

Segundo os pesquisadores Manoj Thomas e Claire Tsai, a *distância física* entre uma pessoa e o desafio ou problema que está enfrentando pode influenciar sua percepção em relação à dificuldade de superar aquele desafio ou problema. Em um estudo específico, os participantes foram solicitados a ler em voz alta uma série de palavras que apareciam numa tela de computador diante deles. Em certas ocasiões, as palavras eram o que os pesquisadores batizaram de "pseudopalavras ortograficamente irregulares", termo científico para palavras inventadas de difícil pronúncia (ex.: "meunstah"). Outras vezes, as palavras inventadas eram fáceis de pronunciar (ex.: "hension").

Numa mudança repentina, imediatamente antes de aparecer uma das pseudopalavras de difícil pronúncia na tela, metade dos participantes foi orientada a aproximar-se da tela, de modo a reduzir a distância entre eles e a pseudopalavra. A outra metade recebeu a orientação de se afastar, de modo que a distância entre eles e a pseudopalavra ficasse maior.

Finalmente, após ler em voz alta cada pseudopalavra, os participantes do estudo deveriam classificar as palavras em termos de dificuldade de pronúncia. Os resultados mostraram que, no caso das pseudopalavras de difícil pronúncia, os participantes que se afastaram da tela acharam a tarefa *mais fácil* do que os participantes que se aproximaram. Em suma, o experimento demonstrou que, diante de uma questão complicada, o simples recuo físico para ver a questão à distância pode alterar nossa percepção em relação à dificuldade apresentada, fazendo-a parecer menor. Por isso, na próxima vez que você estiver empacado no Sudoku ou quebrando a cabeça nas palavras cruzadas, dar um passo para trás e olhar o desafio à distância pode ser a pequena mudança que fará uma grande diferença.

Mas quando o desafio não tiver nada a ver como pronúncia de palavras ou jogos? Por exemplo, imagine que você está "paquerando" um produto, com desejo de comprá-lo. Será que a distância entre você e o produto tem alguma influência na decisão de compra?

Para responder à pergunta, os pesquisadores conduziram outra série de experimentos, dessa vez pedindo aos participantes para avaliar e escolher um entre diversos produtos eletrônicos, como câmeras e computadores. Os participantes recebiam algumas opções de escolha e informações sobre cada produto. Para simular o que acontece na vida real, as diferenças entre os produtos eram difíceis de avaliar.

Além disso, foi informado que não havia nenhum produto melhor em termos de custo-benefício. Para concluir, os pesquisadores variaram a distância de avaliação dos produtos: alguns participantes os avaliaram de perto, outros de mais longe.

Imediatamente após avaliar os produtos, os participantes recebiam a opção de comprar o produto escolhido ou deixar a decisão para outro momento.

Em consonância com os testes de pronúncia de palavras, os resultados demonstraram que os participantes que avaliaram os produtos mais distantes relataram maior facilidade de escolha, resultando em mais compras na hora. Em contrapartida, os participantes que compararam os produtos de perto deixavam para decidir em outro momento.

Em resumo, uma pequena mudança, resultante do aumento da distância física entre a pessoa e determinado produto, faz grande diferença em termos de agilidade na decisão de compra. Em outras palavras, escolhas complexas parecem mais fáceis quando vistas de uma distância maior.

Se quisermos influenciar as decisões dos outros, portanto, devemos considerar essas pequenas, mas importantes mudanças. Imagine que você está vendendo um negócio para um novo cliente e que a solução de sua empresa, embora relativamente complexa, é a melhor opção disponível. De acordo com os estudos realizados, a distância de apresentação de sua proposta pode fazer toda a diferença. Por conseguinte, é importante não só considerar cuidadosamente o conteúdo de sua apresentação, mas também essa distância. Isso significa que, em vez de apresentar diretamente do laptop, que exigirá a aproximação do cliente, talvez seja mais inteligente fazer a apresentação num telão (mesmo que o público seja pequeno), ou investir num laptop de tela grande, que permita uma distância maior entre a tela e o público.

Da mesma forma, o professor de uma matéria relativamente difícil, como matemática, pode reduzir a dificuldade percebida aumentando a distância física entre os alunos e o material apresentado. Uma maneira de fazer isso é pedir aos alunos que trabalhem numa lousa, em pé, em vez do caderno, sentados. Por quê? Porque, desse modo, os alunos terão a possibilidade de dar um passo para trás, afastando-se do problema apresentado (muito diferente de inclinar-se para trás na cadeira ou ficar de pé, atrapalhando a aula).

Vendedores que fazem demonstrações dos produtos como parte do processo de venda podem ganhar muito se considerarem com carinho a distância física entre eles e os clientes. Por exemplo, um vendedor de produtos eletrônicos, na hora de apresentar as opções de telefone celular, pode recuar um pouco de modo a aumentar a distância entre ele e o cliente – sobretudo no momento de apresentar recursos tecnicamente mais complexos para clientes leigos.

Em suma, de acordo com os estudos, pequenas mudanças na distância física entre as pessoas e as informações apresentadas podem fazer uma grande diferença de percepção, facilitando a tomada de decisões.

Os estudos explicam também por que aquele colega presunçoso que vem bisbilhotar a tela de seu computador de longe sempre afirma ter a solução para um problema que você não consegue resolver.

CAPÍTULO 47

Como dar GRANDES passos a partir de PEQUENOS tropeços dos outros?

Existe certa reverência em torno do indivíduo que consegue transformar o negativo em positivo – limão em limonada, carvão em diamante. Tais realizações impressionam, sobretudo, quando o negativo é alguma forma de fracasso que se transforma num sucesso consequente. Repare que o termo utilizado aqui é *consequente*. Não estamos nos referindo ao sucesso *subsequente* criado pela perseverança e insistência. Estamos falando das falhas que se tornam vitórias *justamente* por serem falhas.

Há inúmeras formas de fazer que os erros de outrora rendam frutos. Algumas, como reestruturar o modelo de negócios, eliminar *bugs* do sistema ou encontrar novos modos de transpor barreiras imprevistas, exigirão um bom investimento em termos de tempo e recursos. Nada de errado, muito pelo contrário. Mas as pequenas coisas também são importantes. Por incrível que pareça, uma das maneiras mais fáceis de virar o jogo não requer que pensemos nos erros que cometemos no passado. A sugestão é fazer uma pequena mudança e pensar nos erros que *os outros* cometeram.

Charlie Munger é brilhante e sábio – atributos que rendem grandes dividendos. É por causa desses atributos que ele é sócio de Warren Buffet e o mais confiável conselheiro da firma de investimentos (Berkshire Hathaway), que, desde sua fundação em 1964, tem obtido sucesso em níveis jamais vistos no setor. Uma vez pediram ao Sr. Munger para descrever o que ele fazia para que cada escolha sua fosse acertada. Ele respondeu simplesmente: "Revejo minha lista de estupidezes".

O Sr. Munger mantém um arquivo de ações insensatas, com os fracassos e erros graves responsáveis pelas "estupidezes". Em vez de seguir o pensamento convencional de identificar e reproduzir as decisões inteligentes que conduziram ao sucesso (como nos best-sellers *Empresas Feitas para Vencer*, *Vencendo a Crise* e *Feitas para Durar*), Munger prefere usar seu tempo para identificar e evitar as decisões insensatas que causaram o fracasso dos outros. Por que uma mudança aparentemente pequena como essa pode fazer tanta diferença – não só para Munger e as decisões da Berkshire Hathaway, mas para todos nós?

Um dos motivos é que as grandes realizações raramente podem ser atribuídas a um único fator. O sucesso é construído com base em diversos componentes interligados. Portanto, seria difícil reproduzir todos esses componentes em seu negócio ou determinar qual o mais importante. Mas isso não acontece com os erros. Um único erro – seja por falta de informações básicas, excesso de confiança nas próprias competências ou ingenuidade em termos econômicos – pode colocar tudo a perder. Por isso, vale a pena não só criar uma "lista de estupidezes", com os passos em falso e infortúnios dos outros, mas também consultar essa lista sempre que tiver que tomar decisões importantes. Evidentemente, enumerar as bases dos triunfos empresariais também pode ajudar, mas os itens da lista não terão o mesmo impacto.

Existe um segundo motivo para criar nossa própria lista de estupidezes. Apesar da lavagem cerebral que nos faz acreditar que as informações positivas são sempre melhores do que as informações negativas, isso não é verdade. Após uma exaustiva análise de pesquisas relevantes, o respeitado psicólogo Roy Baumeister e seus colegas chegaram à conclusão de que as pessoas "utilizam muitos mais as informações negativas que as informações positivas".

Mas não é só isso: as informações negativas também são mais fáceis de lembrar e têm mais peso na tomada de decisões. Por conseguinte, se você quiser criar uma lista de itens com informações fáceis de lembrar, instrutivas e práticas, é melhor fazer uma lista como a de Charlie Munger, e não uma lista com as práticas das quais você mais se orgulha.

Existe um terceiro benefício de fazer uma lista e aprender com as piores práticas dos outros. Como a lista contém erros alheios, é mais fácil reconhecer as falhas. Se fossem nossos erros, tentaríamos combater – em vão – a tendência de achar que não foram erros, mas falta de sorte ou o momento inadequado, fatores além do nosso controle. Mas a análise das decisões malsucedidas dos outros evita a defesa do ego, oferecendo uma ferramenta de aprendizado muito eficaz, algo que pode ser estendido aos membros de nossa equipe também. Ou seja, o líder astuto apontará os erros dos outros em vez de focar nos erros da equipe. Dessa maneira, poderá determinar o futuro comportamento de seus colaboradores e evitar o ressentimento decorrente da crítica pessoal.

A propósito, as vantagens de enumerar as falhas passadas dos outros não se limitam ao mundo dos negócios. Os educadores não precisam ter medo de expor os erros de ex-alunos ao criar uma lista de "coisas a evitar" para os alunos novos. Um médico, de modo a evitar que seu paciente chegue a uma condição extrema, pode contar casos de pacientes que cometeram o mesmo erro e se arrependeram. Um personal trainer pode chamar atenção para os erros cometidos por outros alunos no uso dos equipamentos para assegurar que os novos não cometam os mesmos erros e aproveitem ao máximo o treinamento.

Jim Collins, autor de *Empresas Feitas para Vencer* e *Feitas para Durar*, que descreve o que os outros fizeram certo para ter sucesso, acredita que o acesso a esse tipo de informação nos ajudará a ter sucesso também. Já Charlie Munger recomenda que criemos (e consultemos com regularidade) uma lista não do que os outros fizeram certo, mas do que os outros fizeram errado. Existe uma forma conciliar as recomendações aparentemente opostas desses dois grandes gênios dos negócios? Sim.

Collins, num livro mais recente, *Como as Gigantes Caem*, explica os principais motivos do fracasso das empresas – por exemplo, negação do risco, precipitação injustificada e falta de disciplina intelectual. Apostamos que a lista de estupidezes de Charlie Munger está cheia dessas ocorrências. Parece, então, que os dois estão dizendo a mesma coisa: *um pequeno detalhe que ajuda a fazer os movimentos certos nos negócios é ter acesso a uma lista dos movimentos errados dos outros.* O primeiro passo é criar uma lista, consultá-la com frequência e usá-la sistematicamente para tomar decisões importantes. É uma pequena mudança que pode fazer uma grande diferença.

Evidentemente, não adotar esse SMALL BIG seria ignorar os estudos e os conselhos dos especialistas em relação ao valor dos erros documentados – o que, por si só, constituiria um erro digno de compor uma lista.

CAPÍTULO 48

Como uma PEQUENA mudança de "eliminação do erro" para "administração do erro" pode gerar GRANDES resultados?

No último capítulo, vimos de que maneira podemos nos beneficiar dos erros passados de outras pessoas. O assunto deste capítulo é: como nos beneficiar de nossos *próprios* erros?

Os pesquisadores chegaram à conclusão de que o histórico de contratempos, perdas ou dificuldades – se for encarado de modo construtivo – estimula personalidades otimistas, saudáveis e confiantes, não pessimistas, doentias e hesitantes. Mas isso também se aplica ao desenvolvimento profissional? Dito de outra forma, será que uma mudança de contexto de modo a administrar os erros (em vez de eliminá-los) pode produzir grandes diferenças em termos de sucesso e lucratividade?

Segundo o Treinamento para Administração de Erros (EMT, do inglês, *Error Management Training*), sim. Evidentemente, o componente fundamental do processo está em *encará-lo de modo construtivo*. Quando procedemos dessa forma, ganhamos duas vezes. Além de termos uma referência para futuros aprimoramentos, nossos erros podem representar boas oportunidades de influência.

Os métodos tradicionais de treinamento visam guiar trainees por um processo de aprendizado com base em exemplos de sucesso e eliminação de erros. Esses métodos convencionais parecem razoáveis porque os erros podem atrapalhar o fluxo de trabalho, exigir tempo para serem remediados e frustrar tanto o trainee quanto o treinador; podem até minar a confiança dos dois. No entanto, ao analisar os resultados de 24 estudos, os cientistas organizacionais Michael Frese e Nina Keith descobriram que o modelo EMT, apesar de inverso ao método tradicional de rejeição de erros, é muito superior a este.

Existem dois componentes necessários para o EMT. O primeiro é incentivar os trainees a assumir tarefas "a serem aprendidas" a fim de encontrar erros e reconhecer como esses erros ocorrem. O segundo é informar a melhor forma de reagir, uma vez cometido o erro. Uma questão importante é como os treinadores darão feedback aos trainees. Pequenas mudanças de abordagem – por exemplo, usar frases do tipo "Erros fazem parte do processo de aprendizado", "Quanto mais erros você cometer, mais aprenderá" e "Os erros nos ensinam o que ainda somos capazes de aprender" – são fundamentais e podem fazer uma grande diferença, porque, sem isso, os erros provavelmente serão vividos como derrota, não como diretrizes para o sucesso. Devido à importância dessa orientação para as culturas coorporativas bem-sucedidas, não é de se espantar que o lema da IDEO, uma das empresas mais inovadoras do mundo, seja: "Fracasse muito para ter sucesso logo".

Mas e quando a meta não tem nada a ver com treinamento e sim com nossas responsabilidades profissionais na vida real, como por exemplo, ao lidar com clientes, companheiros de trabalho e superiores? Nesse caso, o primeiro componente do EMT – encontrar oportunidades de pisar na bola – não deve fazer parte do plano. O segundo componente, no entanto – encarar as falhas como oportunidades de aprendizado –, pode ser bastante útil. Em vez de desempenhar o papel de caçador de erros, coloque-se na posição de "aproveitador de erros". O aproveitador de erros procura beneficiar-se de qualquer tropeço, aprendendo com as falhas, pois reconhece que essa postura pode render dividendos tanto para ele quanto para a organização – dividendos, segundo as estatísticas apresentadas pelo professor Frese, bastante atraentes. Em comparação com as empresas que possuem uma cultura de administração de erros fraca, *as empresas com uma forte cultura de administração de erros têm quatro vezes mais chance de estar entre as empresas mais lucrativas de sua indústria.*

Os gestores dispostos a dar os passos necessários para promover um ambiente de aproveitamento de erros na vida real (em vez de busca de erros) podem ganhar muito também. Um tempo atrás, um colega nosso, Brian Ahern, enviou-nos um artigo de uma revista de vendas que descrevia o choque de um COO de uma rede internacional de hotéis ao analisar os resultados do caríssimo programa "Experiência Perfeita para o Cliente" lançado pela empresa. Os hóspedes mais satisfeitos não foram aqueles que não tiveram nenhum problema, mas aqueles cujos problemas foram *solucionados* imediatamente pela equipe do hotel.

Existem vários motivos para explicar por que isso acontece. Depois da solução do problema, o hóspede pode se tornar mais confiante na equipe do hotel, sabendo que, se tiver qualquer problema no futuro, ele será resolvido. Não duvidamos dessa hipótese, mas outro fator também deve ser considerado. A solução pode ser percebida pelos hóspedes como uma "atenção especial", algo fora do comum que exigiu o esforço da equipe do hotel. Com base na lei da reciprocidade, o hotel passa a merecer, então, algo especial em troca na forma de recomendação ou fidelidade.

Numa conferência de negócios realizada num hotel, um de nós ouviu, por acaso, um relato que comprova essa explicação de reciprocidade. O gerente do hotel falava a respeito de um incidente que tinha acontecido naquele mesmo dia. Uma hóspede queria jogar tênis com seus dois filhos pequenos, mas as duas raquetes infantis do hotel já estavam sendo usadas. O gerente, então, pediu para um colaborador ir até uma loja próxima e comprar um par de raquetes novas. Em 20 minutos, o problema estava resolvido. Depois disso, a hóspede foi até a sala do gerente-geral e disse: "Pelo que vocês fizeram por mim, acabei de fazer uma reserva para a família inteira no feriado de 4 de julho".

Não é interessante que se o hotel tivesse duas raquetes infantis extras no estoque – para assegurar que os hóspedes tivessem uma "experiência perfeita" – essa disponibilidade não teria sido considerada um serviço fora de série que merece reconhecimento e fidelidade em troca? Aliás, a hóspede mal teria percebido alguma coisa.

Qual a implicação disso na prática? A ideia é preparar armadilhas para clientes ou companheiros de trabalho de modo que possamos salvá-los? De jeito nenhum. Isso faria que as pessoas associassem nosso trabalho com alguma forma de resgate. É preferível reconhecer que as expectativas das pessoas talvez sejam altas demais e as empresas modernas, complexas demais para que não haja nenhum erro. Erros acontecerão. O segredo é saber que direcionar recursos (atenção, sistemas de treinamento, equipe, orçamento) à meta utópica de prevenir pequenas falhas provavelmente será menos eficaz (e muito mais caro) do que direcionar recursos à meta de corrigir erros e solucionar problemas de maneira rápida e eficiente.

Não estamos dizendo, de forma alguma, que o controle de qualidade não é importante. Mas buscar a perfeição é uma missão impossível, porque – além do fato de sermos todos humanos, passíveis de falhas –, cada pessoa tem uma ideia de perfeição. Não há como agradar gregos e troianos. A correção dos erros, em contrapartida, pode ser personalizada, de acordo com a percepção individual do que constitui uma solução em cada caso.

A capacidade de customizar a reação aos erros é o que possibilita que um problema seja vivenciado como um serviço personalizado, colocando, paradoxalmente, o prestador do serviço numa posição de grande influência graças justamente à sua falha.

Conclusão: no mundo dos negócios, *não ter problemas* talvez não seja tão bom quanto *ter problemas solucionados*.

CAPÍTULO 49

Como uma PEQUENA mudança de referência temporal pode fazer uma GRANDE diferença nas avaliações online?

Em outubro de 2013, a Comissão de Comércio Justo de Taiwan autuou a Samsung Corporation em 10 milhões de dólares taiwaneses (o equivalente a US$ 350 mil) por ter contratado pessoas para postar comentários em fóruns virtuais atacando os produtos de sua maior rival, a HTC, e elogiando os seus[5].

O caso atraiu muita atenção, sobretudo porque as pessoas confiam muito nas resenhas online para tomar decisões. Segundo pesquisas realizadas pela firma Penn Schoen Berland, sete de cada dez americanos consulta resenhas e fóruns virtuais antes de fazer uma compra. Não é de surpreender, portanto, que a Comissão de Comércio Justo de Taiwan tenha agido tão rápido. No Capítulo 47, vimos que as pessoas "utilizam muito mais as informações negativas do que as informações positivas".

Essa tendência à negatividade, no contexto online, representa um desafio considerável para indivíduos ou organizações que recorrem a resenhas de clientes para promover seu negócio. Se os potenciais compradores valorizam menos as resenhas positivas do que a

---

5 A prática de postar avaliações fictícias como parte de uma campanha popular é conhecida como *astroturfing*.

negativas, o que uma empresa pode fazer para aumentar as chances de que as resenhas positivas sejam mais valorizadas – sem precisar lançar mão de táticas escusas como a postagem de comentários falsos contra a concorrência? Recomendamos uma ação em especial. Como você já deve ter adivinhado, é uma ação pequena, mas muito eficaz.

Os pesquisadores de mercado Nicholas Lurie e Zoey Chen levantaram a hipótese de que uma resenha virtual positiva será tão valorizada quanto uma negativa se o autor da resenha declarar abertamente que sua avaliação se baseia numa experiência vivida naquele mesmo dia (por exemplo, postar um comentário sobre um restaurante com frases do tipo "acabei de voltar do restaurante" ou "meu sócio e eu fomos lá hoje").

Um motivo da valorização da negatividade é a conclusão de que quem posta um comentário negativo deve ter realmente vivido uma experiência negativa. No entanto, se o autor do comentário assinalar que sua avaliação baseia-se numa experiência vivida no mesmo dia, os leitores julgarão que a resenha positiva é um reflexo fiel do que aconteceu, não uma forma qualquer de exibição.

Para testar sua hipótese, os pesquisadores analisaram mais de 65 mil resenhas do Yelp.com sobre restaurantes populares de cinco grandes cidades americanas. No total, foram quase cem restaurantes, em três anos de estudo. Para cada avaliação, os pesquisadores mediram o número de votos que a resenha recebeu dos leitores (em termos de utilidade da informação), a classificação em quantidade de estrelas numa escala de um a cinco e a presença de palavras nas resenhas que indicassem que havia sido escrita no mesmo dia da visita ao restaurante.

As descobertas foram fascinantes. Quando não havia *nenhuma* indicação de data, as resenhas negativas recebiam muito mais votos do que as resenhas positivas. No entanto, quando era evidente que as resenhas tinham sido escritas *no mesmo dia* da visita ao restaurante, as resenhas positivas recebiam a mesma quantidade de votos que as resenhas negativas.

Em outro estudo online, os participantes foram divididos aleatoriamente em quatro grupos, devendo escolher um restaurante para jantar.

COMO UMA PEQUENA MUDANÇA DE REFERÊNCIA TEMPORAL PODE FAZER UMA GRANDE DIFERENÇA NAS AVALIAÇÕES ONLINE?

Todos participantes leram uma resenha sobre o Joe's Restaurant, só que dois grupos leram uma resenha positiva ou negativa sem data específica, e os outros dois leram uma resenha com data do mesmo dia da visita ao restaurante. Além disso, os quatro grupos leram uma resenha neutra sobre o Mike's Restaurant antes de escolher um restaurante ou não escolher nenhum.

Em consonância com os estudos do Yelp.com, a resenha positiva com indicação de data aumentou a probabilidade de escolha do Joe's Restaurant. Aliás, 100% dos participantes que leram a resenha positiva datada do mesmo dia da visita escolheram esse restaurante.

Se a ocasião de uma resenha positiva realmente valoriza a resenha, uma pequena mudança importante que os profissionais de marketing devem fazer é incentivar os consumidores a avaliar os produtos imediatamente após o consumo e explicitar esse caráter imediato no comentário. Muitos restaurantes incluem um endereço eletrônico na conta, solicitando a avaliação dos clientes. Segundo os estudos, mudar a tradicional abordagem "Se você gostou da experiência, por favor, deixe um comentário no Yelp ou TripAdvisor" para "Se você gostou da experiência, por favor, deixe um comentário no Yelp ou TripAdvisor dizendo que você esteve aqui hoje!". Pode ser uma pequena diferença capaz de gerar grandes dividendos.

Administradores de sites de lojas online devem incluir um link pós-transação convidando os clientes a postar uma avaliação de sua experiência. Além disso, é fundamental incluir um *pop-up* informando que os comentários provavelmente receberão mais "curtidas" se ressaltarem que acabaram de realizar a compra.

Pessoas que avaliam livros online também devem considerar os benefícios de incluir referências temporais em seus *posts*. Tal medida, além de beneficiar os autores, beneficiará o próprio autor da resenha, devido ao provável aumento do número de respostas positivas à recomendação. Nessas situações, é só escolher o livro que você elogiará.

Ei! Temos uma sugestão! ☺

CAPÍTULO 50

Que PEQUENA mudança nos e-mails pode gerar GRANDES diferenças nas negociações com nossos parceiros de negócios?

Carinhosamente conhecido como "Rei dos palhaços da Dinamarca", Victor Borge, o adorado comediante e pianista dinamarquês, ficou famoso pela frase: "O riso é a menor distância entre duas pessoas".

O riso conecta as pessoas, constrói relacionamentos e, de acordo com pesquisas realizadas por uma equipe de cientistas da persuasão, pode até ser uma lucrativa ferramenta comercial em negociações online.

Em nossa crescente economia global, estima-se que 850 milhões de contas corporativas de e-mail enviam e recebem, em média, 110 e-mails por dia, e não só para mensagens de rotina. Muitas empresas utilizam esse meio como forma de lidar com interações bastante complexas, como negociações, por exemplo. Quando as duas partes interessadas estão distantes fisicamente, o e-mail torna-se um eficiente e atrativo meio de comunicação, permitindo que os vendedores atinjam muito mais clientes e que os clientes se conectem com mais fornecedores.

Em muitos casos, as trocas de e-mail podem funcionar como um filtro útil e barato antes das negociações em si. Por exemplo, um potencial comprador pode solicitar por e-mail uma lista resumida de fornecedores, e os dois trocarão mensagens antes de estabelecer contato via telefone, videoconferência, Skype ou FaceTime. Depois, se for de interesse de ambas as partes, uma reunião pessoal é marcada a fim de concluir as negociações.

Devido à sua natureza, como podemos utilizar os e-mails para fortalecer a confiança que é tão importante para o sucesso no âmbito dos negócios?

Terri Kurtzberg e seus colegas, Charles E. Naquin e Liuba Belkin, decidiram estudar o papel do humor nos estágios iniciais da troca de e-mails, no contexto das negociações. O objetivo do estudo era verificar se o uso do humor tinha algum impacto no desenvolvimento da confiança entre as partes envolvidas, assim como nos resultados comerciais.

Em um dos incríveis experimentos, Kurtzberg e seus colegas convidaram equipes de profissionais de negócios para negociar um contrato específico, relativamente complexo, por e-mail. Metade dos participantes recebeu a orientação de partir direto para a negociação. A outra metade deveria primeiro mandar um e-mail para a parte interessada com uma tira cômica em que o personagem Dilbert, de Scott Adams, estraga uma negociação: primeiro tentando aceitar uma oferta antes de ela ser feita, e depois – também antes de qualquer oferta ser apresentada – aludindo a uma opção "melhor". Para verificar se a tira era realmente engraçada e inofensiva, os pesquisadores fizeram um teste prévio com outro grupo de pessoas da mesma área. (A tira era engraçada e inofensiva.)

Os pesquisadores suspeitavam que enviar uma tira cômica antes do início das negociações aumentaria a confiança entre os negociadores, conduzindo a melhores resultados. E eles estavam certos. O grupo que começou a negociação com Dilbert desenvolveu maiores níveis de confiança entre si, o que, por sua vez, gerou um aumento de 15% no resultado comercial. Uma diferença e tanto para uma mudança tão pequena.

Até aqui, ótimo. Mas e nas situações em que a flexibilidade das negociações é limitada? Muitas organizações, numa tentativa de mitigar a variabilidade dos resultados, fixam tarifas de preços ou limitam os itens a ser negociados, como condições de crédito e prazos de entrega. Nessas situações, começar as negociações com uma tirinha cômica também influencia o resultado?

Segundo os testes, os negociadores que receberam a tira de Dilbert primeiro mostraram-se *duas vezes* mais propensos a mandar uma primeira proposta dentro dos limites do aceitável, em comparação com os que não receberam. Em suma, essa pequena mudança, para lá de simples, aumentou os níveis de confiança entre as partes interessadas, resultando numa negociação muito mais eficiente.

As implicações imediatas são óbvias. Num mundo em que estamos sempre correndo contra o tempo, a ideia de enviar e-mails com mensagens curtas é tentadora, nem que seja só para diminuir nossa lista de pendências. Mas, de acordo com os estudos, fazer isso, sobretudo nos estágios iniciais de uma negociação, seria um erro, e um erro caro.

Portanto, o investimento de apenas um minuto extra para humanizar os primeiros e-mails pode fazer toda a diferença. Segundo os pesquisadores, "conhecer pessoalmente 'o outro lado', não somente o endereço de e-mail, ajuda os negociadores a desenvolver confiança e afinidade, resultando em melhores acordos". Aliás, outros estudos realizados por Kurtzberg e diversos pesquisadores revelaram que fornecer informações pessoais nos primeiros e-mails de uma negociação no intuito de descobrir uma conexão com o "outro lado", além de reduzir a possibilidade de impasses, melhora os resultados comerciais para ambas as partes envolvidas.

Evidentemente, não estamos dizendo que, para aumentar o envolvimento e as taxas de resposta de suas mensagens de e-mail, você deve divulgar informações tão pessoais que podem colocá-lo em risco (ou assustar seu interlocutor). Mas uma informação aqui e ali sobre sua experiência profissional ou talvez um possível interesse em comum que você tenha com o destinatário de seu e-mail pode ser a pequena mudança que fará uma grande diferença no momento de desenvolver um relacionamento virtual.

Observe, também, não basta mandar um cartum engraçado. O cartum específico utilizado nos estudos foi escolhido não só pela capacidade de provocar risadas, mas por ser condizente com o tema do e-mail (uma negociação). Conclusão: quando for usar o humor como estratégia de envolvimento, além de considerar a probabilidade de fazer os outros rirem, você deve se perguntar se sua mensagem está alinhada com o tema a ser discutido. E lembre-se que, às vezes, é mais eficaz descartar a ideia do e-mail e marcar um encontro pessoal ou conversar diretamente pelo telefone.

Num mercado competitivo em que as empresas procuram qualquer pequena mudança que possa aumentar as taxas de resposta e o envolvimento dos clientes sem ter de pagar os olhos da cara, a visão de Victor Borge é bastante oportuna. Na comunicação com grupos desiguais, às vezes a menor distância entre duas pessoas é o riso – não só em negociações online, mas pessoais também. Por exemplo, segundo a pesquisa realizada por Karen O'Quinn e Joel Aronoff, os negociadores que receberam uma proposta junto com uma piada ("Bem, minha oferta final é de US$ ___, e você ainda leva minha rãzinha de bônus") cederam mais do que quem recebeu só a proposta. Mas para quem não estiver disposto a se separar de seu anfíbio favorito só para fechar um negócio, uma ideia é oferecer um cartum de Dilbert no lugar.

CAPÍTULO 51

Como um PEQUENO toque pode gerar um GRANDE aumento no valor?

De acordo com a mitologia grega, o deus Dionísio ofereceu ao rei Midas uma recompensa à sua escolha por ter agido com bondade em relação a um amigo. Midas pediu que tudo o que ele tocasse se transformasse em ouro, poder imediatamente concedido por Dionísio. Evidentemente, sabemos que é um mito – os objetos não têm como virar ouro. Ou têm?

Segundo as pesquisadoras de mercado, Joann Peck e Suzanne Shu, embora tocar fisicamente num produto não o transforme em ouro, seu valor percebido pode aumentar. Apesar de não ser uma ideia muito óbvia – haja vista os vendedores que desencorajam os clientes com cartazes do tipo "Por favor, não toque" ou "Toque somente com os olhos", Peck e Shu suspeitavam que o toque pode criar envolvimento emocional, e elas não eram as únicas: o capitão Jean-Luc Picard, de Star Trek, também sentia o mesmo.

> *Capitão Jean-Luc Picard:* É uma fantasia de infância. Já devo ter visto esse navio centenas de vezes no Smithsonian, mas nunca pude tocá-lo.
>
> *Tenente-comandante Data:* Senhor, o contato físico altera sua percepção?

Capitão Jean-Luc Picard: Claro! No caso dos humanos, o toque tem a capacidade de nos conectar com um objeto de uma maneira muito pessoal.
(De *Star Trek: Primeiro Contato*)

Num experimento concebido para testar essa ideia, os participantes, no papel de possíveis compradores, eram apresentados a dois produtos: uma xícara de café e um brinquedo clássico que consiste numa mola helicoidal, chamada mola maluca. No estudo, metade dos participantes foi orientada a tocar e sentir os produtos e a outra metade a não tocá-los. Em seguida, os participantes deviam dizer o quanto se identificavam com frases do tipo "Sinto que essa caneca/mola é minha", além de estimar o valor de cada produto.

Os resultados mostraram claramente que os participantes que puderam tocar nos produtos tiveram uma reação emocional mais positiva e que o contato físico intensifica o senso de propriedade. A combinação das emoções positivas com o senso de propriedade aumentou o valor percebido da xícara e da mola – em cerca de 35%, em comparação com quem não tocou nos objetos. Um aumento considerável para uma mudança tão pequena: permitir que as pessoas toquem no que está sendo oferecido. Curiosamente, as pesquisadoras verificaram um padrão similar com os vendedores. Eles conseguem vender produtos com preços mais altos quando tocam no produto antes.

Essa pesquisa é importante por vários motivos. Como consumidor, é importante entender e reconhecer os fatores que influenciam nossas decisões. Quando o vendedor lhe pede para pegar o produto na mão, seu valor percebido aumenta automaticamente.

Da mesma forma, o vendedor que dá ao cliente a oportunidade de tocar no produto, para que se sinta mais conectado com a oferta, pode fazer uma pequena mudança que gera grande diferença. Por exemplo, a embalagem das canetas Paper Mate é aberta de um lado, permitindo que os clientes toquem-nas. Além de possibilitar que os clientes sintam o produto, esse detalhe também aumenta seu valor.

Os supermercados e lojas de comida também podem se beneficiar dessa descoberta. Alguns lojistas, por motivos de higiene totalmente compreensíveis, podem olhar feio para os clientes que manuseiam produtos soltos, sem embalagem, como frutas, verduras e pães. No entanto, considerando que terão de descartar certa quantidade de mercadorias de qualquer maneira, inaugurar uma "seção para tocar", incentivando os clientes a manusearem os produtos, pode ser uma medida bastante lucrativa.

Além da venda de canetas, pêssegos e pães de centeio, o poder sutil, mas importante, de persuasão do toque pode aumentar o valor de materiais impressos também. Quando for mandar um relatório para o gestor ou uma proposta para um possível cliente, procure imprimir o documento e entregá-lo em mãos, em vez de enviar por e-mail. Para conferencistas, líderes de workshop e treinadores corporativos, é melhor entregar o material diretamente para as pessoas quando entrarem na sala do que deixar as folhas em cima da mesa.

Para incrementar o valor percebido dos brindes oferecidos por patrocinadores em conferência e convenções, os organizadores do encontro devem providenciar para que os produtos sejam retirados de uma sacola e entregues pessoalmente para os participantes, aumentando, além do valor, a probabilidade de que os brindes não fiquem esquecidos no fundo da bolsa.

Mas, e nas situações em que a possibilidade de tocar um produto *antes* da compra é limitada? Com um número cada vez maior de pessoas comprando coisas na internet, muitos clientes jamais terão a oportunidade de tocar no que estão comprando antes de receber o produto em casa. Isso significa que você deve desistir da ideia de oferecer essa possibilidade, até o Google inventar um transportador, à la Star Trek, que entrega o produto via web para que os clientes possam tocá-lo antes de comprar? Na verdade, não.

Em seus estudos, Peck e Shu descobriram que, quando não há a possibilidade de tocar num produto, um SMALL BIG diferente, mas muito eficaz, é simplesmente pedir ao cliente para *imaginar* que está tocando no produto. O senso de propriedade aumenta, aumentando também seu valor.

É importante, contudo, estar ciente da exceção crucial dessa pesquisa. De acordo com Peck e Shu, pedir aos clientes para tocar os produtos *só* dá certo quando os produtos são neutros ou agradáveis ao toque. Vendedores de porco-espinho, atenção!

CAPÍTULO 52

Deixando o melhor para o final. Que SMALL BIG pode fazer toda a diferença?

As primeiras impressões contam. Mas, como os diretores de cinema e pop stars confirmarão, o que acontece no final também é importante. Focar no final, fazendo pequenas alterações no modo como terminamos um encontro, uma negociação ou até as férias, pode ter uma incrível influência nos resultados, determinado, por exemplo, o índice e satisfação do cliente, a probabilidade de novos negócios ou até a capacidade de curtirmos as próximas férias.

Imagine que você acabou de sair do consultório médico para um exame de rotina bastante desconfortável e lhe perguntam quão doloroso foi e se você está ansioso para o próximo exame. Só por comparação, imagine que você acabou de chegar das férias e lhe perguntam como elas foram e se você está ansioso para as próximas.

Se você for como a maioria das pessoas que responderam a essas perguntas nos estudos, suas respostas serão influenciadas por dois fatores: o auge de intensidade da experiência – *dor*, no caso do exame médico, e *prazer* (supomos), no caso das férias – e os momentos finais dela. Os primeiros cientistas que estudaram esse fenômeno batizaram um deles de *efeito do auge final*.

Por incrível que pareça, nossos sentimentos em qualquer outro momento da experiência importam muito menos do que imaginamos.

Além disso, a avaliação geral do que vivemos também é influenciada por algo chamado negligência da duração: o fato de que prestamos menos atenção à duração das experiências vividas, chegando, em algumas ocasiões, a ignorá-la completamente.

O ganhador do Prêmio Nobel, Daniel Kahneman, e o médico Donald Redelmeier demonstraram brilhantemente que os pacientes que passaram por um procedimento médico doloroso (colonoscopia, para ser mais exato) lembravam-se, depois da dor, sobretudo, do auge do desconforto e do fim do exame.

O efeito do auge final explica, por exemplo, por que os cantores costumam cantar seus maiores sucessos no final do show. Explica, também, por que uma grosseria do garçom no final do atendimento pode manchar totalmente a memória do que teria sido uma experiência maravilhosa. E, se lembra daquela reunião chatíssima da semana passada, que você achou que não terminaria nunca? Olhando em retrospecto, ela não parece tão longa, não é?

Como o que fica gravado em nossa mente são experiências recentes ou extremas, sem vínculo direto com a duração, nossa memória não é uma referência muito confiável para o que sentimos. Mesmo assim, ela tem uma enorme influência sobre nossas decisões. Portanto, se você quiser fortalecer o trabalho em equipe, promover a fidelidade dos clientes ou simplesmente receber melhor feedback, embora a recomendação seja focar na experiência como um todo, sugerimos que você faça pequenas mudanças que reforcem os pontos altos e os momentos finais da experiência (ou atenuem os pontos baixos).

Muitas pessoas gostam de chocolate e consideram o chocolate suíço o melhor do mundo. Num voo recente (nosso), numa companhia aérea nacional (EUA), um de nós teve o prazer de receber chocolate suíço na viagem. Ficamos nos perguntando se o impacto desse pequeno, mas inteligente, gesto não poderia ser maior se o chocolate fosse entregue na saída.

Numa experiência semelhante, reparamos que alguns hotéis dão brindes de boas-vindas para seus hóspedes, como artigos de papelaria, produtos de toalete de marca e até um abridor de garrafas de primeira linha. Esses brindes costumam vir com um bilhete escrito à mão pelo gerente, expressando o desejo que os hóspedes aproveitem a estadia. Um SMALL BIG que os gerentes de hotel podem fazer para unir o melhor dos dois mundos talvez seja entregar o cartão personalizado na entrada e o brinde na saída.

Os web designers também podem se beneficiar desse SMALL BIG alinhado com o efeito do auge final fazendo com que apareça uma imagem bonita ou uma mensagem de agradecimento sempre que os usuários saírem do site. No caso de uma compra online, pode ser uma informação surpresa ou um voucher para futuras compras.

As enfermeiras podem dar às crianças (e a alguns adultos também, por que não?) uma bala ou uma figurinha, por ter tido coragem na hora de tomar a vacina. Evidentemente, isso já acontece em muitas clínicas e postos de saúde, mas provavelmente sem essa intenção.

O foco no SMALL BIG que pode ser feito no final de interações e experiências não precisa se limitar às transações mais óbvias, como as do âmbito turístico. Existem notáveis aplicações para o setor público também. Por exemplo, a lembrança de um paciente do que teria sido um procedimento médico altamente satisfatório (e caro) pode ser maculada pela última coisa que teve de fazer ao sair do hospital – pagar um valor absurdo de estacionamento.

Se o hospital puder oferecer o estacionamento como cortesia ou até mesmo um desconto no preço, a sensação final será positiva, podendo render grandes dividendos em termos de recomendação. Numa situação mais polêmica, poderíamos dizer que a probabilidade de bandidos encarcerados reincidirem será menor se os últimos dias antes de serem soltos forem os mais dolorosos da sentença e não os mais tranquilos, como costuma ser.

A descoberta de que a memória das experiências passadas sofrerá de negligência, em termos de duração, pode inspirar uma pequena mudança para uma estratégia comumente empregada por vendedores e profissionais de marketing, com o objetivo de persuadir os clientes a escolher outro produto. Ao falar dos problemas específicos que um possível cliente pode ter com um determinado produto, em vez de focar no desperdício de tempo causado por esses problemas, seria melhor focar no aborrecimento gerado pelos problemas.

Compreender a influência que esse efeito do auge final tem na avaliação de nossas próprias experiências também pode inspirar pequenas mudanças que geram grandes resultados. Se você quiser ter lembranças fabulosas de suas próximas férias, em vez de gastar o dinheiro aos poucos com um monte de excursões e passeios turísticos baratos, reserve o dinheiro para duas experiências incríveis, incluindo uma no final. E, em vez de usar as milhas para conseguir um lugar melhor no voo de ida, procure economizá-las para o voo de volta.

Autores de livros de negócios também podem aumentar suas chances de obter avaliações positivas (no Amazon.com, por exemplo) e recomendações aos amigos, conferindo especial atenção ao final do livro – de modo que as lembranças dos leitores sejam boas. Para este final, embora tenhamos chegado ao último capítulo (52), incluímos um capítulo bônus, que, junto com seu capítulo favorito, lhe propiciará um *grand finale*.

O SMALL BIG: capítulo bônus

Nossa meta neste livro foi oferecer um conjunto de SMALL BIGS para que você possa adicioná-los a suas ferramentas de persuasão. Pequenas mudanças baseadas na ciência da persuasão que qualquer pessoa – desde empresários a profissionais de saúde, até pais e políticos – podem utilizar para conseguir grandes resultados de influência e comunicação.

Embora os 52 SMALL BIGS apresentados sejam diferentes em termos de mecanismos psicológicos e contextos de aplicação, eles possuem uma importante similaridade. Quando usados com responsabilidade, e da forma correta, concedem ao comunicador uma significativa vantagem de persuasão.

Mas a ideia de que um único SMALL BIG, usado de maneira ética e no contexto apropriado, pode fazer uma grande diferença levanta outra questão: até que ponto a utilização de diversos SMALL BIGS, ou em sequência, pode conduzir a resultados ainda melhores? Em outras palavras, será que sair utilizando o máximo de SMALL BIGS em nossas estratégias de persuasão aumenta nossa influência?

A resposta, evidentemente, é não. Assim como não utilizamos todas as ferramentas que temos para consertar alguma coisa em casa, tentar usar várias ferramentas de persuasão ao mesmo tempo pode, na verdade, dificultar o processo. Embora haja comprovação de que algumas estratégias de influência funcionam muito bem em conjunto, também há evidências de que, em certos contextos, além de uma anular a outra, a combinação das estratégias acaba produzindo um resultado pior do que se nenhuma estratégia tivesse sido utilizada.

Aqui vão alguns exemplos que ilustram cada um desses cenários.

Voltemos ao Capítulo 8, em que demonstramos que os gestores dos postos de saúde podem reduzir o número de não comparecimentos às consultas, simplesmente pedindo aos pacientes que repitam, em voz alta ao telefone, o dia e a hora do compromisso antes de desligarem. O leitor há de se lembrar que, num segundo estudo, verificamos que pedir aos pacientes para escrever os detalhes do compromisso num cartão (em vez de a equipe administrativa fazer isso) produz um efeito ainda maior, diminuindo o índice de não comparecimento em 18%.

Testamos outra estratégia também. Num período de vários meses, substituímos os cartazes das salas de espera dos postos de saúde que apresentavam o número de pessoas que não haviam comparecido às consultas com a quantidade muito maior de pessoas que haviam comparecido – ou seja, recorremos ao princípio da aprovação social. Quando esses SMALL BIGS foram usados em conjunto, verificamos uma redução de 31,4% no índice de não comparecimento subsequente.

Para demonstrar que foi a combinação dessas pequenas mudanças que gerou a grande diferença, e não algum outro fator, interrompemos a intervenção, e o índice de não comparecimento aumentou drasticamente. Assim que voltamos a utilizar a combinação das três pequenas mudanças, o índice de não comparecimento caiu de novo em 30%, comprovando que a combinação de diversas pequenas mudanças pode gerar diferenças ainda maiores.

Até aqui, a ideia de combinar estratégias de persuasão parece boa. No entanto, antes que nos entusiasmemos além da conta, é bom ressaltar que isso nem sempre acontece. Considere, por exemplo, a maravilhosa série de estudos conduzida pelos cientistas comportamentais Paul Dolan e Robert Metcalfe.

Em seus experimentos, eles descobriram que informar aos chefes de família que estão consumindo mais energia do que os vizinhos foi uma pequena mudança que gerou uma grande diferença. O consumo de energia diminuiu 6%, em média, nos meses seguintes. Os pesquisadores também descobriram que oferecer £ 100 de recompensa para quem reduzisse o consumo de energia também gera bons resultados. O consumo caiu na mesma proporção das casas que gastavam mais do que a vizinhança.

Mas o que acontece quando combinamos a abordagem da norma social com a abordagem do incentivo? Felizmente, os pesquisadores consideraram essa questão e realizaram um experimento em que outro grupo de moradores foi informado de seu consumo em comparação ao dos vizinhos, com a possibilidade de ganhar £ 100 se houvesse redução. O que aconteceu? A estratégia não teve nenhum efeito sobre consumo!

Numa primeira análise, não parece fazer muito sentido. Na matemática básica, 1 + 1 = 2. Nesse estudo, 1 + 1 não deu mais do que 1. Deu zero! Nada. Nadica. Foi como se uma boa estratégia de persuasão tivesse anulado a outra. Ou seja, teria sido melhor poupar o esforço e não utilizar nenhuma das duas estratégias. Por que isso?

Aqui vão três explicações possíveis.

A primeira refere-se à incompatibilidade das motivações ocultas que podem ser provocadas por uma mensagem multifacetada. Por exemplo, no caso do consumo de energia, a motivação do ganho pessoal (as £ 100 oferecidas pelos pesquisadores) talvez fosse incompatível com o sacrifício necessário para obtenção do bem comum (conforme validado pelos vizinhos). Consequentemente, essas duas grandes motivações equivalentes, mas contrárias, anularam-se.

Portanto, no momento de desenvolver uma estratégia de influência que inclua uma combinação de abordagens, é importante certificar-se de que as abordagens se complementam, ativando motivações humanas compatíveis.

O segundo motivo pelo qual combinar diversas abordagens de persuasão às vezes não dá certo é que quanto mais ferramentas de persuasão usarmos para influenciar alguém, menor a probabilidade de que o outro se envolva. Por exemplo: se você quiser persuadir sua gestora a deixá-lo sair mais cedo num determinado dia, é muito mais provável que ela leia e responda um e-mail de uma linha, com uma única técnica de influência, do que um e-mail de seis parágrafos com dezenas de técnicas (talvez apenas por julgar que não tem tempo para ler um e-mail grande). O e-mail acaba sendo guardado para ler depois, quando talvez seja tarde demais, ou até esquecido totalmente na caixa de entrada, que vai enchendo de e-mails mais urgentes (e supostamente mais curtos e objetivos). Da mesma forma, as pessoas possivelmente se sentirão menos interessadas, "guardando para ler depois" (depois = nunca) os relatórios de consumo de energia, ou qualquer material de propaganda, que contenham muitas táticas embutidas num texto gigante.

Um terceiro motivo, que prejudica certas combinações de estratégia, está vinculado à obviedade da tentativa de influência. Às vezes, na junção de diversas pequenas mudanças, a sutileza acaba se perdendo, evidenciando o interesse de persuasão por trás e aumentando a resistência.

Para dar um exemplo, num estudo realizado por Daniel Feiler, Leigh Tost e Adam Grant, oito mil ex-alunos de uma grande universidade pública receberam um e-mail solicitando uma doação para a universidade. Para alguns, o pedido foi acompanhado de uma mensagem salientando os benefícios pessoais da doação, do tipo, "Alguns ex-alunos relataram que doar lhes fez bem". Outros receberam o pedido acompanhado de uma razão altruística: "Doar é sua chance de fazer diferença na vida de alunos, professores e colaboradores". Um terceiro grupo recebeu um e-mail com o pedido de doação com os benefícios pessoais de doar e as razões altruísticas para tal gesto. Quem recebeu esse e-mail acabou se mostrando muito menos propenso a doar, com uma diferença de 50% em relação aos outros dois grupos.

Em outro estudo dos mesmos pesquisadores, os participantes receberam um pedido de doação, para a fundação Make-A-Wish, com motivos pessoais para doar (dois motivos altruísticos ou quatro motivos outros juntos). Mais uma vez, as intenções foram muito menores no grupo que recebeu os quatro motivos. Pesquisas de follow-up revelaram por que: as pessoas conseguiam enxergar a tentativa de persuasão na mensagem. Conclusão: na hora de elaborar uma mensagem de persuasão, é importante lembrar que, a partir de determinado ponto, o acréscimo de argumentos e justificativas, acaba aumentando a resistência, reduzindo, consequentemente, a eficácia da mensagem. Então, qual o número ideal de argumentos para produzir o maior impacto?

Para responder a essa pergunta crucial, considere um estudo realizado pelos cientistas comportamentais Kurt Carlson e Suzanne Shu. No estudo de Carlson e Shu, os participantes foram divididos em seis grupos, recebendo a incumbência de ler a descrição de cinco objetos-alvo: um cereal, um restaurante, um shampoo, uma sorveteria e um político. Como exemplo, a propaganda do shampoo começava assim:

Imagine que você está lendo uma de suas revistas preferidas e o anúncio de uma marca nova de shampoo chama sua atenção. Você decide ler atentamente o anúncio para ver se vale a pena mudar para essa nova marca. O anúncio diz que os benefícios do novo shampoo são os seguintes: <espaço em branco>.

O espaço em branco era preenchido com um, dois, três, quatro, cinco ou seis pontos positivos em relação ao shampoo. Por exemplo, os participantes que receberam a versão com seis pontos positivos leram: "O cabelo fica mais limpo, mais forte, mais saudável, mais macio, mais brilhante e mais volumoso".

No anúncio político, os participantes que receberam a versão com seis pontos positivos leram que o candidato era "honesto, íntegro, experiente, inteligente, comunicativo e prestativo".

Depois da etapa de leitura, os pesquisadores analisaram a atitude dos participantes em relação aos objetos-alvo, avaliando impressões positivas e negativas, além de medir seu nível de ceticismo, numa tentativa de determinar o ponto em que as pessoas começavam a desconfiar que o objetivo das informações ali apresentadas era convencê-las a fazer uma escolha específica.

Os resultados demonstraram claramente que as pessoas que leram três pontos positivos classificaram o objeto do anúncio (fosse o cereal, o político etc.) de maneira mais favorável do que as pessoas que leram um, dois, quatro, cinco ou seis pontos positivos.

Aparentemente, acrescentar pontos positivos a uma abordagem de persuasão aumenta sua eficácia até o terceiro ponto. Depois disso, novas tentativas de persuasão aumentam o ceticismo, aumentando também a resistência à abordagem.

A julgar por esse caso, portanto, a resposta para a pergunta "Qual o número ideal de argumentos para produzir maior impacto?" é três. Ou, como Carlson e Shu concluíram sucintamente: "Três é bom, quatro é demais".

Os estudos comprovam que, mesmo se combinarmos essas estratégias de maneira totalmente ética, a utilização de um grande úmero de táticas ou argumentos de persuasão pode fazer que nosso interlocutor ache que estamos agindo de forma menos ética do que realmente estamos.

Quando falamos em influenciar o modo de pensar, sentir e agir dos outros, pequenas mudanças podem fazer uma grande diferença, por um simples motivo: elas são pequenas. Não aparecem no radar. Raramente levantam suspeitas. Ao contrário, influenciam nossas decisões e comportamento de maneira desfavorável, atuando no inconsciente.

Num mundo em que o maior normalmente é considerado melhor, ficamos felizes não só de ter lhe oferecido uma caixa cheia de ferramentas de influência éticas, mas também que as ferramentas em si são tão pequenas que dificilmente serão notadas. E nesse sentido, em termos de influência, o PEQUENO É O NOVO GRANDE

Para manter-se informado sobre a ciência da persuasão e receber nosso *Inside Influence Report*, gratuito todo mês, visite: **www.influenceatwork.com.**

Agradecimentos

Como diz o ditado: "Uma andorinha só não faz verão". Acreditamos que o mesmo vale para um livro. Por isso, muitas pessoas merecem nosso reconhecimento e gratidão.

Como autores que escrevem sobre a ciência e a prática da persuasão, ficamos felizes em fazer parte desse meio tão repleto de pesquisadores inteligentes e dedicados, que trabalham incansavelmente para promover o conhecimento do processo da persuasão e seus ensinamentos.

Gostaríamos de agradecer a cada um desses pesquisadores, sobretudo aqueles cujos insights e trabalho serviram de base para este livro.

Além disso, gostaríamos de agradecer também a Keith Anderson, Suraj Bassi, Rupert Dunbar-Rees, Paul Dolan, Bernie Goldstein e James Nicholls, que influenciaram este trabalho.

Enquanto escrevíamos, tivemos a sorte de ter acesso a um grupo de pessoas dispostas a ler as primeiras versões dos capítulos e sugerir ideias para aplicar os insights aqui contidos. O devido agradecimento a Rob Blackie, Natalie Britt, Sean Buckland, Eilidh Connolly, Emma Rose Hurst, Benjamin Kaube, Gregor McPherson, Steve Mound, John Vincent e James West.

Também queremos agradecer a todo o pessoal da Influence at Work, dos Estados Unidos e do Reino Unido, incluindo Eily VanderMeer e Sarah Tobitt, assim como todo mundo que trabalha em nossas editoras: a Business Plus/Grand Central Publishing, em Nova York, e a Profile Books, em Londres. Um agradecimento especial aos nossos editores, Rick Wolff e Daniel Crewe, cujo apoio, incentivo e observações, tiveram um valor inestimável para nós.

Três outras pessoas, em especial, merecem destaque nesta seção de agradecimentos:

Danica Giles, que trabalhou incessantemente como nossa pesquisadora, conferindo e reconferindo fatos. Obrigado pelo seu apoio e ajuda, Danica. Você foi o máximo!

Jim Levine, nosso agente (da Levine Greenberg), com quem tivemos o prazer de trabalhar desde o início. Jim, você e sua equipe são o epítome de uma parceria. Muito obrigado.

E Bobette Gorden, cujo conhecimento, energia e força inesgotáveis fazem dela a heroína anônima deste livro.

Por fim, gostaríamos de agradecer aos nossos familiares, seres queridos, por todo apoio e amor.

Notas

Introdução

O índice de não comparecimento nos postos de saúde podem ser encontrados em: Martin, S. J., Bassi, S., & Dunbar-Rees, R. 2012. Commitments, norms and custard creams – a social influence approach to reducing did not attends *(DNAs)*. *Journal of the Royal Society of Medicine 105(3)*, 101-104. doi: 10.1258/jrsm.2011.110250.

A referência completa para o livro de Robert Cialdini é: *As Armas da Persuasão: Como Influenciar e Não se Deixar Influenciar*. 2009. Editora Sextante.

A referência completa para o livro *Sim!* é: Goldstein, N. J., Martin, S. J., & Cialdini, R. B. 2008. *Sim! 50 Segredos da Ciência da Persuasão*. Editora BestSeller.

1. Que SMALL BIG pode persuadir as pessoas a pagar os impostos em dia?

Para mais detalhes a respeito do estudo sobre cartas de imposto, ver: Martin, S. J. 2012. *Harvard Business Review* 90, 23-25. (Noventa e oito por cento dos leitores da HBR amam esse artigo.)

Para uma revisão da pesquisa sobre conformidade e submissão à luz das três motivações humanas fundamentais descritas, ver: Cialdini, R. B., Goldstein, N. J. 2004. Social infiuence: Compliance and conformity. *Annual Review of Psychology* 55, 591-621. doi: 10.1146/annurev.psych.55.090902.142015.

O estudo sobre conservação de energia pode ser encontrado em: Schultz, P. W., Nolan, J. M., Cialdini, R. B., Goldstein, N. J. & Griskevicius, V. 2007. The constructive, destructive, and reconstructive power of social norms. *Psychological Science* 18(5), 429-434. doi: 10.1111/j.1467-9280.2007.01917.

O relato dos passageiros que dão dinheiro para o músico pode ser encontrado em: Cialdini, R. B. 2007. Descriptive social norms as underappreciated sources of social control. *Psychometrika* 72(2), 263-268.

Depois de nosso trabalho inicial com a HMRC, uma série de estudos abrangente foi realizada pela HMRC e o governo do Reino Unido. Para mais, ver Hallsworth, M., List, J. A., Metcalfe, R. D., & Vlaev, I. 2014. The behavioralist as tax collector: Using natural field experiments to enhance tax cornpliance. *National Bureau of Economic Research* documento n. 20007.

2. Que SMALL BIG pode nos persuadir a ir contra a corrente?

Os estudos de conformidade originais de Asch podem ser encontrados em: Asch, S. E. 1951. Effects of group pressure upon the modification and distortion of judgments. *Groups, Leadership, and Men*, 222-236.

A pesquisa sobre as olas mexicanas podem ser encontrada em: Farkas, L, Helbing, D., & Vicsek, T. 2002. Mexican waves in an excitable medium. *Nature* 419(6903), 131-132. doi: 10.1038/419131a.

Os estudos de mapeamento cerebral sobre conformidade podem ser encontrados em: Berns, G. S., Chappelow, J. Zink, C. F., Pagnoni, G., Martin-Skurski, M. E., & Richards, J. 2005. Neurobiological correlates of social conformity and independence during mental rotation. *Biological Psychiatry* 58(3), 245-253.

Para uma análise mais profunda das operações digitais, tecnológicas e analíticas da campanha de reeleição do presidente Barack Obama, visite Inside the Cave em: http://enga.ge/projects/inside-the-cave/.

Para uma história mais detalhada das estratégias de persuasão aplicadas a campanhas políticas, ver Issenberg, S. 2012. *The Victory Lab: The Secret Science of Winning Campaigns.* Nova York: Crown Books. Vale muito a pena ler.

O estudo sobre a divergência em relação às escolhas de pessoas de outro grupo pode ser encontrado em: Berger, J., & Heath, C. 2008. Who drives divergence? Identity signaling, outgroup dissimilarity, and the abandonment of cultural tastes. *Journal of Personality and Social Psychology* 95(3), 593.

3. Que PEQUENA mudança em nossa maneira de estruturar uma mensagem pode gerar GRANDES diferenças no resultado?

O estudo sobre formas de espirrar pode ser encontrado em: Blanton, H., Stuart, A. E., & Van den Eijnden, R. J. J. M. 2001. An introduction to deviance-regulation theory: The effect of behavioral norms on message framing. *Personality and Social Psychology Bulletin* 27(7), 848-858. doi: 10.1177 /0146167201277007.

O estudo sobre práticas saudáveis pode ser encontrado em: Blanton, H., Van den Eijnden, R. J. J. M., Buunk, B. P., Gibbons, F. X., Gerrard, M., & Bakker, A. 2001. Accentuate the negative: Social images in the prediction and promotion of condom use. *Journal of Applied Social Psychology* 31(2), 274-295. doi: 10.1111/j.1559-1816.2001.tb00197.

4. Que SMALL BIG pode ajudar a corrigir o que está errado?

Para mais sobre o trabalho de James Wilson e George Kelling sobre a teoria das janelas quebradas, ver: Wilson, J., & Kelling, G. 1982. Broken windows. *Atlantic Monthly* 249(3), 29-38.

Os estudos da bicicleta, da cerca e da caixa de correio podem ser encontrados em: Keizer, K., Lindenberg, S., & Steg, L. 2008. The spreading of disorder. *Science* 322(5908), 1681-1685. doi:10.1126/science.1161405.

A pesquisa sobre o incentivo de comportamentos desejáveis pode ser encontrada em: Keizer, K., Lindenberg, S., & Steg, L. (2013). The importance of demonstratively restoring order. *PLOS ONE* 8(6). e65137. doi: 10.1371/journal.pone.0065137.

O estudo sobre redução de lixo jogado no chão pode ser encontrado em: Cialdini, R. B., Reno, R. R., & Kallgren, C. A. 1990. A focus theory of normative conduct: Recycling the concept of norms to reduce littering in public places. *Journal of Personality and Social Psychology* 58(6), 1015.

5. Como uma PEQUENA mudança de nome pode fazer uma GRANDE diferença?

Para o estudo sobre doações para as vítimas de furacões, ver: Chandler. J., Griffin, T. M., & Sorensen, N. 2008. In the "I" of the storm: Shared initials increase disaster donations. *Judgment and Decision Making* 3(5), 404-410.

A referência completa para *Drunk Tank Pink* é: Alter, A. L. 2013. *Drunk Tank Pink: And Other Unexpected Forces That Shape How We Think, Feel, and Behave*. Nova York: Penguin.

Para mais sobre o "efeito coquetel", ver: Conway, A. R. A., Cowan, N., & Bunting, M. F. 2001. The cocktail party phenomenon revisited: The importance of working memory capacity. *Psychonomic Bulletin & Review* 8(2), 331-335.

O estudo sobre letras favoritas pode ser encontrado em: Nuttin, J. 1985. Narcissism beyond Gestalt and awareness: The name letter effect. *European Journal of Social Psychology* 15, 353-361.

A descoberta que incluir o primeiro nome da pessoa em mensagens de texto pode diminuir o índice de não comparecimento não está publicada e faz parte de um experimento maior sobre demanda e capacidade realizado com uma equipe de médicos britânicos e a firma de consultoria de gestão BDO. http://www.bdo.co.uk/.

Para o estudo sobre o efeito de enviar uma mensagem de texto com o primeiro nome do infrator cobrando o pagamento de multa, ver: Behavioural Insights Team 2012. *Applying Behavioural Insights to Reduce Fraud, Error and Debt*. London: Cabinet Office.

6. Que PEQUENOS passos podem gerar GRANDES saltos na hora de desenvolver relacionamentos, parcerias e trabalho em equipe?

O estudo sobre torcedores de futebol pode ser encontrado em: Levine, M., Prosser, A., & Evans, D. 2005. Identity and emergency intervention: How social group membership and inclusiveness of group boundaries shape helping behavior. *Personality and Social Psychology Bulletin* 31(4), 443-453.

A referência completa para *Dar e receber* é: Grant, A. 2013. *Dar e Receber: Uma Abordagem Revolucionária Sobre Sucesso, Generosidade e Influência*. Editora Sextante.

7. Que SMALL BIG pode nos ajudar a crescer com a experiência?

Você pode encontrar o estudo sobre previsões de preferências em: Scheibehenne, B., Mata, J., & Todd, P.M. 2011. Older but not wiser-Predicting a partner's preferences gets worse with age. *Journal of Consumer Psychology* 21(2), 184-191. doi: 10.1016/j.jcps.2010.08.001.

8. Que SMALL BIGS podem nos persuadir a cumprir compromissos?

A fonte de dados do custo total ao departamento de saúde do Reino Unido causado por não-comparecimento é: *BBC News*. Ago-2009. "No shows" cost the NHS millions. http://news.bbc.co.uk/1/hi/health/8195255.stm.

O estudo sobre roubo na praia pode ser encontrado em: Moriarty, T. (1975). Crime, commitment, and the responsive bystander: Two field experiments. *Journal of Personality and Social Psychology* 31(2), 370-376. doi: 10.1037/h0076288.

Os estudos sobre redução do índice de não comparecimento podem ser encontrados em: Martin, S. J., Bassi, S., & Dunbar-Rees, R. 2012. Commitments, norms and custard creams – A social influence approach to reducing did not attends (DNAs). *Journal of the Royal Society of Medicine* 105(3), 101-104. doi:10.1258/jrsm.2011.110250.

9. Que SMALL BIG pode nos ajudar a influenciar os outros de maneira sistemática?

A referência completa para nosso livro *Sim!* está nas notas da Introdução.

Para o estudo sobre toalhas de hotel, ver: Goldstein, N. J., Cialdini, R. B., & Griskevicius, V. 2008. A room with a viewpoint: Using social norms to motivare environmental conservation in hotels. *Journal of Consumer Research* 35(3), 472-482. doi:10.1086/586910.

O estudo sobre compromisso relacionado a proteção ambiental em hotéis pode ser encontrado em: Baca-Motes, K., Brown, A., Gneezy, A., Keenan, E. A., & Nelson, L. D. 2013. Commitment and behavior change: Evidence from the field. *Journal of Consumer Research* 39(5), 1070-1084. doi: 10.1086/667226.

10. Que SMALL BIG pode assegurar que o tiro da influência não saia pela culatra?

Os estudos sobre o efeito "autorização" podem ser encontrados em: Catlin, J. R., & Wang, Y. 2013. Recycling gone bad: When the option to recycle increases resource consumption. *Journal of Consumer Psychology* 23(1), 122-127. doi: 10.1016/j.jcps.2012.04.001.

11. Que SMALL BIG devemos acrescentar à receita de produtividade dos colaboradores?

Para o estudo sobre importância da tarefa, ver: Grant, A. M. 2008. The significance of task significance: Job performance effects, relational mechanisms, and boundary conditions. *The Journal of Applied Psychology* 93(1), 108-124. doi: 10.1037/0021-9010.93.1.108.

12. Que SMALL BIGS evitar na hora de tomar decisões?

Os estudos sobre a armadilha da substituição podem ser encontrados em: Gunia, B. C., Sivanathan, N., & Galinsky, A. D. 2009. Vicarious entrapment: Your sunk costs, my escalation of commitment. *Journal of Experimental Social Psychology* 45(6), 1238-1244. doi: 10.1016/j.jesp.2009.07.004.

O estudo que demonstra que designar pessoas para julgar pode minimizar a tendência de autovalorização pode ser encontrado em: Pfeffer, J., Cialdini, R. B., Hanna, B., & Knopoff, K. 1998. Faith in supervision and self-enhancement bias. Two psychological reasons why managers don't empower workers. *Basic and Applied Social Psychology* 20, 313-321.

13. Que SMALL BIG é essencial para a persuasão do planejamento?

Para o estudo dobre votação, ver: Nickerson, D. W., & Rogers, T. 2010. Do you have a voting plan?: Implementation intentions, voter turnout, and organic plan making. *Psychological Science* 21(2), 194-199. doi: 10.1177/0956797609359326.

O estudo realizado pelo Behavioural Insight Team será objeto de uma futura publicação. Os dados podem ser acessados em http://blogs.cabineroffice.gov.uk/behavioural-insights-team/2012/12/14/new-bit-trial-results-helping-people-back-into-work/.

Para o estudo sobre vacina contra gripe, ver: Milkman, K. L., Beshears, J., Choi, J. J., Laibson D., & Madrian, B. C. 2011. Using implementation intentions prompts to enhance influenza vaccination rates. *Proceedings of the National Academy of Sciences* 108, 10415-10420.

14. Que SMALL BIG pode prender as pessoas em nossas iniciativas de persuasão?

A pesquisa sobre o que as pessoas pensam em relação ao que acontece no futuro pode ser encontrada em: Trope, Y., & Liberman, N. 2003. Temporal construal. *Psychological Review* 110(3), 403.

Uma discussão mais abrangente sobre o que as pessoas pensam em relação ao futuro pode ser encontrada no excelente artigo Wilson, T. D., & Gilbert, D. T. 2003. Affective forecasting. *Advances in Experimental Social Psychology* 35, 345-411.

Para o estudo sobre a estratégia de "futuro comprometimento", ver: Rogers, T., & Bazerman, M. H. 2008. Future lock-in: Future implementation increases selection of "should" choices. *Organizational Behavior and Human Decision Processes* 106(1),1-20. doi:10:1016/j.obhdp.2007.08.001.

Você pode ler mais a respeito do programa "Poupe Mais Amanhã" em: Thaler, R., & Benartzi, S. 2004. Save more tomorrow™: Using behavioral economies to increase employee saving. *Journal of Political Economy* 112(1), S164-S187.

15. Que SMALL BIG estamos nos devendo?

O estudo sobre poupança para aposentadoria pode ser encontrado em: Bryan, C. J., & Hershfield, H. E. 2012. You owe ir to yourself: Boosting retirement saving with a responsibility-based appeal. *Journal of Experimental Psychology: General* 141(3), 429.

Os estudos sobre progressão da idade podem ser encontrados em: Hershfield, H. E., Goldstein, D. G., Sharpe, W. F., Fox, J., Yeykelis, L., Carstensen, L. L., & Bailenson, J. N. 2011. Increasing saving behavior through age-progressed renderings of the fucure self. *Journal of Marketing Research* 48(SPL), S23-S37.

O impacto de lembrar às pessoas que, apesar das mudanças, nossa identidade continua a mesma pode ser encontrado em: Bartels, D. M., & Urminsky, O. 2011. On inter-temporal selfishness: How the perceived instability of identity underlies impatient consumption. *Journal of Consumer Research* 38(1), 182-198.

16. Que SMALL BIG pode nos ajudar a reconectar com nossos objetivos?

Os experimentos sobre metas específicas e metas abrangentes podem ser encontrados em: Scott, M. L., & Nowlis, 8. M. 2013. The effect of goal specificity on consumer goal reengagement. *Journal of Consumer Research* 40(3), 444-459.

Mais sobre os fatores que nos convencem a perseguir metas pode ser encontrado em: Oettingen, G., Bulgarella, C., Henderson, M., & Gollwitzer, P. M. 2004. The self-regulation of goal pursuit. In R. A. Wright, J. Greenberg e S. S. Brehm (Eds). *Motivational Analyses of Social Behavior: Building on Jack Brehm's Contributions to Psychology*. Mahwah, NJ: Erlbaum, 225-244.

17. Que SMALL BIGS podem ser usados para que a opção padrão seja mais eficaz?

For the research on Enhanced Active Choice, ver: Keller, P., Harlam, B., Loewenstein, G., & Volpp, K. G. 2011. Enhanced active choice: A new method to motivare behavior change. *Journal of Consumer Psychology* 21, 376-383.

18. Que SMALL BIG pode diminuir a tendência de procrastinação das pessoas? (E nossa também!)

Para os estudos sobre cartão-presente, ver: Shu, S., & Gneezy, A. 2010. Procrastination of enjoyable experiences. *Journal of Marketing Research* 47(5), 933-944.

A pesquisa sobre convites por e-mail pode ser encontrada em: Porter, S. R., & Whitcomb, M. E. 2003. The impact of contact type on web survey response rates. *Public Opinion Quarterly* 67, 579-588.

19. Que SMALL BIG pode ajudar a fazer os clientes esperarem?

A pesquisa sobre espera na linha pode ser encontrada em: Janakiraman, N., Meyer, R. J., & Hoch, S. J. 2011. The psychology of decisions to abandon waits for service. *Journal of Marketing Research* 48(6), 970-984.

20. Que SMALL BIG pode transformar seu potencial em realidade?

Os estudos sobre potencial x realização podem ser encontrados em: Tormala, Z. L., Jia, J. S., & Norton, M. L 2012. The preference for potential. *Journal of Personality and Social Psychology* 103(4), 567-583. doi: 10.1037/a0029227

21. Que SMALL BIG pode nos ajudar a conduzir reuniões mais produtivas?

A pesquisa de Titus e Stasser sobre tomada de decisões em grupo pode ser encontrada em: Stasser, G., & Titus, W. 1985. Pooling of unshared information in group decision making: Biased information sampling during discussion. *Journal of Personality and Social Psychology* 48(6), 1467-1478. doi: 10.1037//0022-3514.48.6.1467.

Para o estudos de casos médicos, ver: Larson, J. R, Christensen, C., Franz, T. M., & Abbott, S. 1998. Diagnosing groups: The pooling, management, and impact of shared and unshared case information in team-based medical decision making. *Journal of Personality and Social Psychology* 75(1), 93-108.

A referência completa para *Checklist* é: Gawande, A. 2009. *Checklist: Como fazer as coisas benfeitas.* Editora Sextante.

A pesquisa sobre disposição de lugares pode ser encontrada em: Zhu, R, & Argo, J. J. 2013. Exploring the impact of various shaped seating arrangements on persuasion. *Journal of Consumer Research* 40(2), 336-349. doi: 10.1086j670392.

22. Que SMALL BIG pode nos ajudar a andar vestidos para o sucesso?

Para mais sobre a influência da vestimenta, ver: Bickman, L. 1974. The social power of a uniform. *Journal of Applied Social Psychology* 4(1), 47-61.

A pesquisa do estetoscópio pode ser encontrada em: Castledine, G. 1996. Nursing image: It is how you use your stethoscope that counts! *British Journal of Nursing* 5(14),882.

Para o estudo sobre o pedestre que atravessa a rua desrespeitando a sinalização, ver: Lefkowitz, M., Blake, R R, & Mouton, J. S. 1955. Status factors in pedestrain violation of traffic signals. *Journal of Abnormal Psychology* 51(3), 704-706.

23. Que PEQUENA mudança pode ter um GRANDE impacto na apresentação das credenciais de sua equipe?

Mais sobre "modelo de resposta cognitiva" pode ser encontrado em: Greenwald, A. G. 1968. Cognitive learning, cognitive response to persuasion, and attitude change. *Psychological Foundations of Attitudes 147-170*.

Para os estudos de mapeamento cerebral, ver: Engelmann, J. B., Capra, C. M., Noussair, c., & Berns, G. S. 2009. Expert financial advice neurobiologically "offloads" financial decision-making under risk. *PLOS ONE* 4(3), e4957. doi:10.1371/journal.pone.0004957.

O estudo sobre apresentação de um novo médico não está publicado e faz parte do mesmo experimento de demanda e capacidade mencionado no Capítulo 5.

24. Que SMALL BIG inesperado pode fortalecer um especialista inseguro?

Os estudos sobre especialistas (in)seguros podem ser encontrados em: Karmarkar, U. R., & Tormala, Z. L. 2010. Believe me, I have no idea what I'm talking about: The effects of source certainty on consumer involvement and persuasion. *Journal of Consumer Research 36(6)*, 1033-1049.

25. Que SMALL BIG pode impedir que você se torne o elo mais fraco?

A pesquisa sobre o elo mais fraco e o centro das desatenções pode ser encontrada em: Raghubir, P., & Valenzuela, A. 2006. Center-of-inattention: Position biases in decision-making. *Organizational Behavior and Human Decision Processes* 99(1), 66-80. doi:10.1016/j.obhdp.2005.06.001

Para os estudos sobre chicletes e outros estudos relacionados, ver: Raghubir, P., & Valenzuela, A. 2009. Position based beliefs: The center stage effect. *Journal of Consumer Psychology* 19(2), 185-196.

26. Que SMALL BIG pode incentivar mais pensamentos criativos?

O estudo sobre tamanho do prato pode ser encontrado em Van Ittersum, K., & Wansink, B. 2012. Plate size and color suggestibility: The Delboeuf Illusion's bias on serving and eating behavior, *Journal of Consumer Research* 39(2), 215-228.

O estudo sobre gorjetas pode ser encontrado em: McCall, M., & Belmont, H. J. 1996. Credit card insignia and restaurant tipping: Evidence for an associative link. *Journal of Applied Psychology* 81(5), 609.

O estudo sobre votos pode ser encontrado em: Berger, J., Meredith, M., & Wheeler, S. C. 2008. Contextual priming: Where people vote affects how they vote. *Proceedings of the National Academy of Sciences* 105(26), 8846-:8849.

O estudo sobre pé-direito pode ser encontrado em: Meyers-Levy, J., & Zhu, R. 2007. The influence of ceiling height: The effect of priming on the type of processing that people use. *Journal of Consumer Research* 34, 174-187.

27. Que PEQUENA mudança de local pode gerar GRANDES diferenças em nossas negociações?

Para o estudo sobre a vantagem de jogar em casa, ver: Brown, G., & Baer, M. 2011. Location in negotiation: Is there a home field advantage? *Organizational Behavior and Human Decision Processes* 114(2), 190-200. doi: 10.1016/j.obhdp.2010.10.004.

Courneya, K. S., & Carron, A. V. 1992. The home field advantage in sports competitions: A literature review. *Journal of Sport and Exercise Psychology* 14, 13-27.

28. Que SMALL BIG pode aumentar nossa força e nosso poder de persuasão?

O estudo sobre uma bebida quente aquecer o coração pode ser encontrado em: Williams, L. E., & Bargh, J. A. 2008. Experiencing physical warmth Promotes interpersonal warmth. *Science* 322(5901), 606-607.

Você pode encontrar a pesquisa sobre a ativação do poder em: Lammers, J., Dubois, O., Rucker, D. D., & Galinsky, A. D. 2013. Power gets the job: Priming power improves interview outcomes. *Journal of Experimental Social Psychology* 49(4), 776-779. doi: 10.1016/j.jesp.2013.02.008

29. Por que o amor talvez seja o único SMALL BIG de que precisamos?

O estudo conduzido com pedestres pode ser encontrado em: Fischer-Lokou, J., Lamy, L., & Guéguen, N. 2009. lnduced cognitions of love and helpfulness to lost persons. *Social Behavior and Personality* 37, 1213-1220.

Para o estudo "doar = amar", ver: Guéguen, N., & Lamy, L. (2011). The effect of the word "love" on compliance to a request for humanitarian aid: An evaluatian in a field setting. *Social Influence* 6(4), 249-58. doi: 10.1080/15534510.2011.627771

O estudo do prato em forma de coração pode ser encontrado em: Guéguen, N. (2013). Helping with all *yaur* heart: The effect *af* cardioid dishes on tipping behavior. *Journal of Applied Social Psychology* 43(8), 1745-9. doi: 10.1111/jasp.121 09

30. Que SMALL BIG pode nos ajudar a encontrar o presente perfeito?

O estudo sobre presentes pode ser encontrado em: Gina, F., & Flynn, F. J. (2011). Give them what they want: The benefits of explicitness in gift exchange. *Journal of Experimental Social Psychology* 47(5), 915-22. doi: 10.1016/j.jesp.2011.03.015

31. Que GRANDES vantagens podemos obter quando damos o PEQUENO passo de estabelecer trocas?

Para a pesquisa sobre favores, ver: Flynn, F.J. (2003). How much should I give and how often? The effects of generosity and frequency of favor exchange on social status and productivity. *Academy of Management Journal* 46(5), 539-53. doi: 10.2307/30040648

NOTAS

32. Que PEQUENO ato de apreciação faz uma GRANDE diferença em termos de influência?

O estudo sobre apreciação pode ser encontrado em: Grant, A. M., & Gino, F. (2010). A little thanks goes a long way: Explaining why gratitude expressions motivate prosocial behavior. *Journal of Personality and Social Psychology* 98, 946-955.

33. Pode a imprevisibilidade ser a PEQUENA semente responsável por uma GRANDE colheita?

Para mais a respeito do pastor britânico e sua "descoleta," ver: http://www.bbc.co.uk/news/uk-22012215.

O estudo sobre gorjetas em restaurantes pode ser encontrado em: Strohmetz, D. B., Rind, B., Fisher, R., & Lynn, M. (2002). Sweetening the till: The use of candy to increase restaurant tipping. *Journal of Applied Social Psychology* 32(2), 300-309.

O estudo mostrando que os consumidores reagem de modo mais favorável a cupons inesperados pode ser encontrado em: Heilman, C. M., Nakamoto, K., & Rao, A. G. (2002). Pleasant surprises: Consumer response to unexpected in-store coupons. *Journal of Marketing Research*, 242-252.

34. Que SMALL BIG surpreendentemente simples pode fazer que você consiga a ajuda de que precisa?

Para os estudos sobre pedido de ajuda, ver: Flynn, E J., & Lake, V. K. B. (2008). If you need help, just ask: Underestimating compliance with direct requests for help. *Journal of Personality and Social Psychology* 95(1), 128-143. doi: 10.1037/0022-3514.95.1.128.

A pesquisa mostrando que quem está disposto a ajudar costuma subestimar a propabilidade de alguém pedir ajuda pode ser encontrada em: Bohns, V. K., & Flynn, E J. 2010. "Why didn't you just ask?" Underestimating the discomfort of help-seeking. *Journal of Experimental Social Psychology* 46(2), 402-409.

35. Que SMALL BIG pode fazer diferença quando o assunto é negociação?

A pesquisa sobre fazer a primeira oferta nas negociações pode ser encontrada em: Galinsky, A, & Mussweiler, T (2001). First offers as anchors: The role of perspective-taking and negotiator focus. *Journal of Personality and Social Psychology* 81(4), 657-669. doi: 10.1037//0022-3514.81.4.657

36. A precisão pode ser o SMALL BIG necessário para conseguir melhores negociações?

Para os estudos sobre ofertas precisas, ver: Mason, M. E, Lee, A J., Wiley, E. A, & Ames, D. R. (2013). Precise offers are potent anchors: Conciliatory counter offers and attributions of knowledge in negotiations. *Journal of Experimental Social Psychology* 49(4), 759-763. doi: 10.1016/j.jesp.2013.02.012.

37. Que PEQUENA mudança na terminação dos números pode fazer uma GRANDE diferença em termos de comunicação?

Uma resenha das origens dos preços com terminação quebrada e 99 centavos pode ser encontrada em: Gendall, P., Holdershaw, J., & Garland, R. 1997. The effect of odd pricing on demand. *European Journal of Marketing* 31(11/12), 799-813.

Para a pesquisa sobre preços com terminação 99 centavos, ver: Gaston-Breton, C., & Duque, L. 2012. Promotional benefits of 99-ending prices: The moderating role of intuitive and analytical decision style. In *Proceedings of the 41st Conference of the European Marketing Academy (EMAC)*. Lisboa, Portugal.

Mais informações sobre o efeito nivelador para baixo pode ser encontrado em: Stirving, M., & Winer, R. 1997. An empirical analysis of price ending with scanner data. *Journal of Consumer Research 24*, 57-67.

O estudo das canetas pode ser encontrado em: Manning, K. C., & Sprott, D. E. 2009. Price endings, left-digit effects, and choice. *Journal of Consumer Research* 36(2), 328-335. doi: 10.1086/597215.

38. Será que uma PEQUENA mudança de ordem pode ser a GRANDE diferença que aumentará o número de pedidos?

Para o estudo sobre a ordem item-preço, ver: Bagchi, R., & Davis, D. F. 2012. $29 for 70 items or 70 items for $29? How presentation order affects package perceptions. *Journal of Consumer Research* 39(1), 62-73. doi: 10.1086/661893.

39. Que SMALL BIG pode fazer que você consiga muito mais com muito menos?

Os estudos sobre efeito aditivo x efeito nivalador podem ser encontrados em: Weaver, K., Garcia, S. M., & Schwarz, N. 2012. The presenter's paradoxo. *Journal of Consumer Research* 39(3), 445-460. doi: l0.l086/664497.

Para a pesquisa sobre a abordagem "e tem mais", ver: Burger, J. M. 1986. Increasing compliance by improving the deal: The that's-not-all technique. *Journal of Personality and Social Psychology* 51(2), 277-283. doi: 10.1037//0022-3514.51.2.277.

40. Como o PEQUENO ato de utilizar a unidade como referência pode fazer uma GRANDE diferença em nossas propostas?

Para o estudo sobre doação, ver: Hsee, C. K., Zhang, J., Lu, Z. Y., & Xu, F. 2013. Unit asking: A method to boost donations and beyond. *Psychological Science* 24(9),1801-1808. doi: 10.1177/0956797613482947.

41. Por que chamar atenção para características específicas pode ser o SMALL BIG que impulsionará nossa campanha?

Para mais sobre o impacto de anexar uma foto a uma tomografia computadorizada, ver: Wendling, P. 2009. Can a photo enhance a radiologist's report? *Clinical Endocrinology News* 4(2), 6.

Um bom relato sobre o mesmo assunto pode ser encontrado em http://www.nytimes.com/2009/04/07/health/07pati.html.

Para mais sobre o efeito da "vítima identificável" nas doações, ver: Small, D. A, & Loewenstein, G. 2003. Helping the victim or helping a victim: Altruism and identifiability. *Journal of Risk and Uncertainty* 26(1), 5-16.

Para o efeito da "vítima identificável" nas decisões médicas, ver: Redelmeier, D. A., & Tversky, A. 1990. Discrepancy between medical decisions for individual patients and for groups. *The New England Journal of Medicine* 322, 1162-1164.

NOTAS

Os estudos sobre o efeito da "intervenção identificada" podem ser encontrados em: Cryder, C. E., Loewenstein, G., & Scheines, R. 2013. The donor is in the details. *Organizational Behavior and Human Decision Processes* 120(1), 15-23. doi: 10.10 16/j.obhdp.20 12.08.002.

42. Que SMALL BIG pode assegurar que nossos custos não sejam de oportunidades perdidas?

Para os estudos sobre negligência em relação ao custo de oportunidade, ver: Frederick, S., Novemsky, N., Wang, J., Dhar, R., & Nowlis, S. 2009. Opportunity cost neglect. *Journal of Consumer Research* 36(4), 553-561. doi: 10.1086/599764.

43. Que SMALL BIG pode ajudar a motivar os outros (e nós mesmos) a finalizar tarefas?

O estudo sobre programas de fidelidade pode ser encontrado em: Koo, M., & Fishbach, A. 2012. The small-area hypothesis: Effects of progress monitoring on goal adherence. *Journal of Consumer Research* 39(3), 493-509. doi: 10.1086/663827.

44. Que SMALL BIG pode aumentar a fidelidade dos clientes?

O estudo do iogurte pode ser encontrado em: Jin, L., Huang, S., & Zhang, Y. (in press). The unexpected positive impact of fixed structures on goal completion. *Journal of Consumer Research.*

45. Que SMALL BIG pode fazer que 1 + 1 seja mais do que 2?

A pesquisa sobre dividir as recompensas em categorias pode ser encontrada em: Wiltermuth, S., & Gino, F. 2013. "I'll have one of each": How separating rewards into (meaningless) categories increases motivation. *Journal of Personality and Social Psychology 104(1),* 1-13.

O trabalho que aborda a tendência geralmente negativa de pagar primeiro as dívidas pequenas em vez das grandes pode ser encontrado em: Amar, M., Ariely, O., Ayal, S., Cryder, C., & Rick, S. 2011. Winning the battle but losing the war: The psychology of debt management. *Journal of Marketing Research* 48 (SPL), S38-S50.

46. Como um PEQUENO passo para trás pode gerar um GRANDE salto para frente?

Para os estudos sobre a influência da distância física, ver: Thomas, M., & Tsai, C. I. 2012. Psychological distance and subjective experience: How distancing reduces the feeling of difficulty. *Journal of Consumer Research* 39(2), 324-340. doi: 10.1086/663772.

47. Como dar GRANDES passos a partir de PEQUENOS tropeços dos outros?

Para a pesquisa sobre informações negativas, ver: Baumeister, R. F., Bratslavsky, E., Finkenauer, C., & Vohs, K. D. 2001. Bad is stranger than good. *Review of General Psychology* 5(4), 323-370. doi: 10.1037//1089-2680.5.4.323.

48. Como uma PEQUENA mudança de "eliminação do erro" para "administração do erro" pode gerar GRANDES resultados?

Para mais sobre a pesquisa a respeito da expectativa de vida, ver: Seery, M. D., Holman, E. A., & Silver, R. C. 2010. Whatever does not kill us: Cumulative lifetime adversity, vulnerability, and resilience. *Journal of Personality and Social Psychology* 99, 1025-1041.

Você pode encontrar a pesquisa sobre treinamento para administração de erros em: Keith, N., & Frese, M. 2008. Effectiveness of error management training: A meta-analysis. *Journal of Applied Psychology* 93, 59-69.

Você pode encontrar o artigo da experiência do cliente em: Schrange, M. (2004, September). The opposite of perfect: Why solving problems rather than preventing them can better satisfy your customers. *Sales & Marketing Management 26.*

49. Como uma PEQUENA mudança de referência temporal pode fazer uma GRANDE diferença nas avaliações online?

O impacto do *timing* de uma resenha na propaganda boca a boca pode ser encontrado em: Chen, Z., & Lurie, N. 2013. Temporal contiguity and negativity bias in the impact of online word of mouth. *Journal of Marketing Research* 50(4), 463-476.

50. Que PEQUENA mudança nos e-mails pode gerar GRANDES diferenças nas negociações com nossos parceiros de negócios?

Você pode encontrar os dois estudos sobre humor em: Kurtzberg, T. R., Naquin, C. E., & Belkin, L. Y. 2009. Humor as a relationship-building tool in online negotiations. *International Journal of Conflict Management* 20(4), 377-397. doi: 10.1108/10444060910991075.

O estudo que avaliou o efeito de divulgar informações pessoais antes de uma negociação pode ser encontrado em: Moore, D., Kurtzberg, T., Thompson, L., & Morris, M. 1999. Long and short routes to success in electronically mediated negotiations: Group affiliations and good vibrations. *Organizational Behavior and Human Decision Processes* 77(1), 22-43. doi: 10. 1006/obhd. 1998.2814.

O estudo da piada da rã pode ser encontrado em: O'Quinn, K., & Aronoff, J. (1981). Humor as a technique of social influence. *Social Psychology Quarterly* 44(4), 349-357.

51. Como um PEQUENO toque pode gerar um GRANDE aumento no valor?

A pesquisa sobre o poder do toque pode ser encontrada em: Peck, J., & Shu, S. B. 2009. The effect of mere touch on perceived ownership. *Journal of Consumer Research* 36(3), 434-447. doi: 10.1086/598614.

Para o estudo da colonoscopia, ver: Redelmeier, D., Katz, J., & Kahneman, D. 2003. Memories of colonoscopy: A randomized trial. *Pain* 104(1-2), 187-194.

O SMALL BIG: capítulo bônus

Para o estudo sobre o índice de não comparecimento nos postos de saúde, ver Martin, S.J., Bassi, S., & Dunbar-Rees, R. 2012. Commitments, norms and custard creams-A social infuence approach to reducing did not attends (DNAs). *Journal of the Royal Society of Medicine 105(3),101-104.*

O estudo combinando incentivos e normas sociais pode ser encontrado em: Dolan, P., & Metcalfe, R. 2013. *Neighbors, Knowledge, and Nuggets: Two Natural Field Experiments on the Role of Incentives on Energy Conservation* (CEP discussion paper no. 1222). Centre for Economic Performance, London School of Economics.

Mais informações sobre os três motivos fundamentais discutidos podem ser encontradas em: Cialdini, R. B., & Goldstein, N.J. 2004. Social inftuence: Compliance and conformity. *Annual Review of Psychology,* 55,591-621.

Mais detalhes dos experimentos combinando táticas de apelo pessoal e altruístico podem ser encontrados em: Feiler, D. C., Tost, L. P., & Grant, A. M. 2012. Mixed reasons, missed givings: The costs of blending egoistic and altruistic reasons in donation requests. *Journal of Experimental Social Psychology* 48(6), 1322-1328.

O trabalho sobre três ser o número ideal de argumentos pode ser encontrado em Shu, S. B., & Carlson, K. A. 2014. When three charms but four alarms: Identifying the optimal number of claims in persuasion settings. *Journal of Marketing* 78(1), 127-139.

Índice remissivo

A
A guinada (Heath), 11
À risca (Gino), 116
acordo de Dayton, 106
agradecimento, mensagens de, 124. *Ver também gratidão*
Ahern, Brian, 186-7
ajudando/pedindo ajuda, 133
    gestores e trabalhadores, 132
    profissionais de saúde e pacientes, 133
    subestimando respostas positivas em resposta a um pedido, 132
    superestimando pedidos de ajuda, 132
All You Need Is Love (Beatles), 113
Alter, Adam, 23
ambiente de trabalho
    cultura de valorização no, 125
    status no, 119-21
American Broadcasting Company (ABC), 49, 51
Ames, Daniel, 138
amor, influência do, 113-5
    dicas para garçons e pratos em forma de coração, 114
    itens em forma de coração, aplicações, 109
    palavra usada em campanhas de caridade, 114
amostras grátis, 128
aposentadoria, poupança para, 66, 68-70
    custos de oportunidade e, 179
    opções padrão, 76
Argo, J. J., 87
Aronoff, Joel, 195
Arsenal FC, time de futebol, 137
Asch, Solomon, 8
Astaire, Fred, 65, 67
Autoridade, princípio da, XV, 90
    conselho de especialista e, 94
    posição central, 101
    uso por parte dos postos de saúde, 95
    vestimenta e, 89

B
Baca-Motes, Katie, 38
Baer, Markus, 107
Bagchi, Rajesh, 149-150
Bartels, Daniel, 64
Baumeister, Roy, 182
Bazerman, Max, 49-50, 52, 59
Beatles, 113
Behavioural Insights Team, 24
Benartzi, Shlomo, 59
Berger, Jonah, 11, 12
Berkshire Hathaway, 182
Berns, Gregory, 9, 94, 105
Best Buy, 73
Bickman, Leonard, 89
Blanton, Hart, 14-5
Bohns, Vanessa, 132
Borge, Victor, 192, 195
Brown, Graham, 107
Bryan, Christopher, 61
Buffet, Warren, 181
Bush, George H. W., 106

C
candidatos a emprego
    linguagem corporal e poder, 111-2
    ordem dos itens apresentados e, 149-51
    preferência pelo potencial, 83
    sentindo-se poderoso, 110-1
candidatos a universidade, 83
Capra, Monica, 94
Carlson, Kurt, 208-9
Carluccio, Antonio, 147

Carney, Dana, 111-2
cartões presente, não utilização de, 73
Catlin, Jesse, 42
central, identidade, 64
Chandler, Jesse, 23
Checklist (Gawande), 227
checklists, 87
Chen, Zoey, 190
Cialdini, Robert B., XV
Clash, The (banda), 77, 79
coerência, princípio da, XV, 78
    combatendo o efeito autorização, 42, 44
    estratégias para reduzir o não comparecimento, 24, 33-5
cognitiva, modelo de resposta, 100-1
colaboração e parceria, 28
Collins, Jim, 202
Como as gigantes caem (Collins), 184
comportamento, mudança de, XV
    acontecimentos próximos x futuros e, 56-7
    contraproducentes, estratégias, 41
    escolha ativa reforçada e, 70-1
    estratégia do comprometimento, 59-60
    estratégias tradicionais, 45, 66
    inércia e opções padrão, 69
    interesse próprio padrão e, 62
    lei fundamental para, 44
    obrigação com nossa futura versão e, 61-4
    para a poupança da aposentadoria, 63
    reduzindo a procrastinação, 74-5
    vestimenta e, 89
compromisso, princípio de, 34
    abordagem de dois passos, 39
    acontecimentos próximos x futuros, 56-8
    aumentando a produtividade, 46, 48
    benéfica para nós mesmos, 62-5
    coerência e, 36
    combatendo o efeito autorização, 42, 44
    compromissos gerais x específicos, 36-7
    encontros marcados e, 33, 35-7

    entrando na fila e, 77-9
    experimento de cuidar do rádio e, 34
    índices de participação nos planos 401(k), 69
    intenções de implementação, 54, 57
    retenção de clientes e, 78
    reutilização de toalhas no hotel e, 38-40, 42-3
    senso de propriedade, 197-8
    vacinas contra gripe e, 70-1
compromissos, cumprimento dos, XIV, 33-6, 38, 44, 70
comunicação
    contra-argumentos, reduzindo os, 93
    conselho de especialista usado na, 94
    custo de oportunidade e, 162, 165
    definindo preços quebrados, 141
    elementos tradicionais da, 92
    Greenwald, modelo de resposta cognitiva de, e, 92-3
    intervenção identificável e, 160-1
    monólogo interno e, 93
    poder de persuasão da, 151, 198
conformidade, 2, 8
conselho de especialista/expertise, 96
    chamando a atenção das pessoas e, 99
    desenvolvimento de confiança e, 99
    estudos sobre que especialista tem a maior influência, 97-8
    impacto na tomada de decisões, 92-3
    uso em postos de saúde, 95
    uso por comunicadores, 94-5
Contágio (Berger), 11
corrigindo o que está errado, 17-21
criativo, pensamento, 103-4
Cryder, Cynthia, 159-160
Cuddy, Amy, 111
custo de oportunidade, 162, 165
    De Beers, anúncio da, 165
    explicitando vantagens, 164
    IKEA, anúncio da, 164

D
Dar e receber (Grant), 28
Davis, Derick, 149-50
De Beers, 165
Diller, Barry, 49, 51-2
Dinheiro feliz (Tormala, Jia e Norton), 81
Disney, Walt, 65, 67
dissociação, 8-11
    estudo das pulseiras, 11
    estudo sobre consumo de *junk food*, 12
Dolan, Paul, 205, 211
Drunk Tank Pink (Alter), 23
Dubois, David, 109
Duque, Lola, 143
duração, negligência da, 201-2

E
e-mails
    como prelúdio a negociações, 194
    uso do humor nos, 193
efeito ativador, 104
efeito autorização, 44
    estratégias contrárias, 42-3
efeito cascata positivo, 44
efeito coquetel, 24
efeito do auge final, 200-3
Empresas feitas para vencer (Collins), 182
energia, conservação da, 3, 7, 212
Engelmann, Jan, 94, 97
Error Management Training (EMT), 185-6
erros
    Error Management Training, 185
    índices de satisfação em hotéis e, 200
    lema da IDEO e, 186
    sucesso e administrando nossos próprios erros, 183-5
    sucesso e aprendendo com os erros dos outros, 182
    tornando-se um "aproveitador de erros", 186-7
escolha ativa reforçada, 70-1
estratégias para comparecimento eleitoral, 55-6

estruturação, 13

F
Facebook, número de "curtidas", 7
favores. *Ver princípio da reciprocidade*
Feiler, Daniel, 207
Feitas para durar (Collins), 183
Feitas para durar (Heath), 12
final das interações, 210-3
    duração, negligência da, 201
    efeito do auge final, 202-3
    pequenos GRANDES a reforçar, 212-3
Fischer-Lokou, Jacques, 114
Fishbach, Ayelet, 166-7
Flynn, Frank, 116-121, 131-2
Frederick, Shane, 163-4
Frese, Michael, 186
fundos, arrecadação de
    individualizando uma vítima e, 159
    "intervenção identificada" e, 159
    múltiplas estratégias, 217-8
    para resgate de cachorro no mar, 162
    reconhecendo quem trabalha com, 127
    referência-unidade, 154-5
    St. John, Igreja, tática da, 126-130
    subestimando respostas positivas em resposta a um pedido, 132
    uso da palavra amor, 114
"futuro comprometimento", 59
    aumento do preço da gasolina e, 59
    com assinaturas de serviços, 60
    com poupança, 62
    com projetos voluntários, 56-7

G
Galinsky, Adam, 52, 109, 134, 136
Garcia, Stephen, 151, 153
Gaston-Breton, Charlotte, 143
Gawande, Atul, 87
Gilbert, Dan, 58
Gino, Francesca, 116-18, 122-3, 175
Giuliani, Rudy, 17
Gneezy, Ayelet, 74, 76
Goldstein, Noah J., XIX

Gorbachev, Mikhail, 106
Grant, Adam, 207
    agradecendo aos cidadãos, 124
    cultura de valorização em ambientes de trabalho, 125
    expressando gratidão, 122
    mensagens de agradecimento, 124
    produtividade, estudos de, 45-8
    reconhecimento a quem arrecada recursos, 123
    similaridades incomuns e gratidão, 28
Greenwald, Anthony, 92-3
Griskevicius, Vladas, 3, 37
Guéguen, Nicolas, 114
Gunia, Brian, 52
Gurdon, Sir John, 65, 67

H

Hawaiian Humane Society, 158
Heath, Chip, 11-2
Heilman, Carrie, 129
Hershfield, Hal, 61, 63
HMRC (Her Majesty's Revenue & Customs), 1-7
Hoch, Stephen, 77
Hsee, Christopher, 155, 157
Huang, Szu-chi, 171
humor
    negociações e, 193-4
    ofertas com piada, 195

I

identificável, intervenção, 160-1
IDEO, 186
IKEA, 164
implementação, intenções de, 57-60
    a importância do contexto, 174-6
    aditivo x nivelador, efeito, 152-4
    classificação de, 173-5
    disparidade entre apresentadores e avaliadores de propostas, 153
    dois pacotes de MP3 comparados, 152
    duas opções de penalidade, 153
    imediatas x postergadas, 173
    incentivos e bônus, 164-5
    opções do hotel e, 152-3, 152n5
    para comparecimento às urnas, 55-6
    para imunizações, 57
    para quem procura trabalho, 54
    quando mais é menos, 151
    timing e sucesso das, 174
    uso seletivo recomendado, 153
imprevisibilidade, 129
individualização, 158-9
INFLUENCE AT WORK, 1
    site, 202
INSIDE INFLUENCE, blog, 79
Inside Influence Report, 210

J

Janakiraman, Narayan, 77-9
JCPenney, 142-3
Jia, Jayson, 81-2
Jin, Liyan, 171-2
Johnson, Ron, 142, 144

K

Kahneman, Daniel, 201
Kallgren, Carl, 20
Karmarkar, Uma, 98-9
Keith, Nina, 186
Keizer, Kees, 17-8
Keller, Punam, 70-1
Kelling, George, 17
Koo, Minjung, 166-7

L

Lammers, Joris, 109
Lamy, Lubomir, 114
Larson Jr., James, 85
Lee, Alice, 138
Lennon, John, 113
Levine, Mark, 27
Liberman, Nira, 58
Lindenberg, Siegwart, 17
linguagem corporal e poder, 111
Liverpool FC, time de futebol, 137
localização ou posição, 100-1

posição central, 101
posicionamento nas prateleiras, 102
Loewenstein, George, 159-60
Long Island Lighting Company, 51
Lu, Zoe, 155
Lurie, Nicholas, 190

M
Macy's, 141-2
Make-A-Wish, Fundação, 207-8
Malta, cúpula de, 106
Manning, Kenneth, 143-5
marketing
    estudo sobre o uso de múltiplos argumentos, 208-9
    evitando dissociação, 11-2
    precificação (,99) e, 141-2
    Samsung, comercial da, 12
    usando a aprovação social como, 5
Martin, Steve J., XVIII
Mason, Malia, 138
Mata, Jutta, 30
metas
    "5 por dia", programas, 68
    decisão de perseguir, fatores, 171
    definição e atingimento, 65-6
    estudos sobre emagrecimento, 66-7
    experimento sobre atingimento de metas, 178-9
    fatores de desafio e viabilidade, 67
    metas dentro de uma faixa, 67
    motivação de alcançar, 166-70
    ordem estruturada para, 166-70
    reconexão com metas, 66-7
Metcalfe, Robert, 205
Meyer, Robert, 77
Meyers-Levy, Joan, 104
Milkman, Katherine, 57
monólogo interno, 92-3
motivação
    atingimento de metas e, 171-3
    "benefício pessoal" x "condição da importância da tarefa" e, 45-6
    classificando recompensas, 175-6
    estratégias tradicionais, 42
    "hipótese da pequena área", 167-9
    múltiplas influências, 200-1, 203
    progresso acumulado x progresso restante, abordagens de, 167-9
    reduzindo a procrastinação, 73-5
mudanças ambientais, 18-21
    limpeza em mutirão e, 20-1
    mostrando respeito pelas normas e comportamento pró-social, 21-2
    para escolhas eleitorais, 103
    para negociações, 106-8
    para reuniões, 103-4
    para reduzir a ingestão de calorias, 103
    "teoria das janelas quebradas", 17-21
    violações da norma social e, 14, 17
Munger, Charlie, 181-4
Mussweiler, Thomas, 134, 136

N
Nakamoto, Kent, 129
negatividade, tendência à, 189-90
negociação
    apresentar informações pessoais no início das trocas, 194
    aumento do compromisso, 50-2
    Barry Diller, erro de, 49, 52
    compra de carro, 138-9
    Dayton, acordo de, 106
    de salário e benefícios, 139
    estratégias para mitigar escaladas, 51
    experimento do leilão, 49-50
    fazendo a primeira oferta, 137-9
    fixação do valor inicial 135, 138-9
    humor na, 193-4
    influência do local, 106-8
    Malta, cúpula de, 106
    ofertas precisas, influência das, 137-9
    proposta de "focar no seu próprio preço", 136
    vantagem de jogar em casa, 106-7
Newlywed Game, The (programa de TV), 29, 29n2
Nickerson, David, 55

Nolan, Jessica, 3
nomes, 22-25
    Efeito coquetel, 24
    experimento das letras favoritas, 23-4
    natureza chamativa dos, 25
    nomes de furacões, 22-3, 25
    pagamento de multas e uso dos, 24
    para novas iniciativas empresariais e programas de trabalho, 25
    semelhanças nominativas e, 10, 23
    texto de lembrete de consulta usando o primeiro nome, 24-5
nominativas, semelhanças, 10
Norton, Michael, 81
Não comparecimento, 33-6
    estratégias de coerência para reduzir o, 36
    estratégias de compromisso verbal para reduzir, 34-5
    múltiplas estratégias, 217
    Reino Unido, serviço de saúde do, e, XIII
    texto de lembrete de consulta usando o primeiro nome, 24-5
Noussair, Charles, 94
Nowlis, Stephen, 66
Nudge (Thaler e Benartzi), 59

O

"ola mexicana", fenômeno da, 8, 8n1
online, avaliações, 189-91
    "astroturfing", 189n6
    negatividade, tendência à, 189-90
    referências temporais nas, 190-2
opções padrão, 69-70
    aspectos negativos, 77
    escolha ativa reforçada, 70-1
Opower, empresa, 7
O'Quinn, Karen, 195
Organização Mundial da Saúde, 68
Our World (programa de TV), 113
Oxfam, 160-1

P

pagamento de impostos, XIX, 1-7, 9-10
Paper Mate, canetas, 197

parar de fumar, 64
Peck, Joann, 196, 198-9
Penn Schoen Berland, 189
pequenos GRANDES, 151, 204, 209-10. *Ver também itens específicos*
    definição, XVI
    importância dos, XVIII-XIX
    múltiplas estratégias, 217-8
    vantagens dos, XVIII
perceptivo, contraste, 148
    Carluccio, cafés de, e, 147
    consultor apresentando a proposta, 148
    item-preço x preço-item, ofertas, 149-50
    o que é oferecido primeiro e, 155-6
    pacotes de ofertas e, 149
    preços de vinho e, 148
perda de peso, 66-7
persuasão, estratégias de. *Ver também pequenos GRANDES específicos*
    aprovação social, XV, 1-8, 8n1, 42
    autoridade, princípio da, XV, 90
    chamando atenção das pessoas e, 23-4, 91
    combinação de abordagens, 204-9
    contexto x cognição e, XVII-XVIII, 2, 21
    efeito reverso, 41-5
    estruturação, 13
    ineficácia de informações e fatos, XVI-XVII
    pequenos GRANDES e, XIV-XVI
    preferência pelo potencial, 81-2
    princípio da coerência, XV, 34-6, 44, 50, 56, 78
    princípio do compromisso, 36, 44, 50, 56
    reciprocidade e, XV, 120-2, 187-8
    seis princípios universais, XV
Pfeffer, Jeffrey, 53
potencial, 81-83
    preferência pelo, 83
    realidade versus, 82

preços, terminações dos (,99), 141-6
    centavo, valor do, 142-3, 142n1
    efeito nivelador para baixo, 143
    erro de precificação da JCPenney, 142-3
    origens das, 141-2
    pesquisa sobre eficácia, 143
    possíveis aplicações, 145-6
    primeiro número depois do cifrão, 143-4, 148-9
presentes, 119-20
    imprevisibilidade e, 129
    lista de casamento e, 117
    lista de desejo e, 121
    reciprocidade e o ato de dar, 127
    pesquisa de Gino e Flynn, 118
    sites ruins, 119
primeiro número depois do cifrão, 143-4, 148-9
problema, resolução de, distância física do desafio, influência da,186-90
procrastinação, 73-6
    cartões presente, não utilização de, 73-5
    definição de prazos e, 75-6
    provérbio espanhol sobre, 74
produtividade, aumento de, 45-9
    "benefício pessoal" x "importância da tarefa" e, 46-7
    estratégias tradicionais, 45
    princípio do compromisso para, 44
    troca de favores e, 120-1
programas de fidelidade, 167-8,
    adesão x cumprimento, 172-3
    criação de, 174
promoções no trabalho, 80, 113
propostas, apresentação de, 179

R
Raghubir, Priya, 100-1
Rao, Ambar, 129
reciclagem, esforços de, 41-4
    efeito autorizador, 42-3
    estudos sobre reciclagem de papel, 42-4
        justificativa, 43

reciprocidade, princípio da, XV, 119-22
    amostras grátis e, 128
    arrecadação de fundos e, 126-30
    customizando produtos e, 15
    estabelecer trocas, 119-20
    expressando gratidão e, 122-5
    fazer favores, 122-5
    imprevisibilidade e, 127-8
    índices de satisfação em hotéis e correção de erros, 187-8
    quem faz favores, 122-5, 128
    quem recebe favores, 122-5
    regra de ouro e, 128
    respostas a favores feitos, 121
Redelmeier, Donald, 201
referência-unidade, 154-7
    aplicações da, 157
    para campanhas de caridade, 154-7
relacionamentos, desenvolvimento de, 29-32. *Ver também* princípio de reciprocidade
    estudos sobre previsão de preferências, 30-2
    formulário "Conhecendo mais sobre você", 28
    processo para conhecer mais o cliente ou parceiro, 32
Reno, Raymond, 20
retenção de clientes, 78-81
reuniões, 85-8
    checklists e, 87
    disposição das cadeiras e, 88
    envio prévio de informações, 86-7
    estudo clássico de Stasser e Titus, 85
    influência do local, 106-8
    influências ambientais, 103, 105
    líder fala por último, 86
    pé-direito e, 104, 106
reverso, efeito, 41-4
Rogers, Todd, 55, 59
Rucker, Derek, 109
Russell, JaMarcus, 81

S

Samsung
    comercial, 12
    online, avaliações, e, 189, 189n1
Scheibehenne, Benjamin, 30
Scheines, Richard, 159-60
Schulz, Wes, 3
Schwarz, Norbert, 151
Scott, Maura, 66
senso de propriedade, 197-8
Serviço Nacional de Saúde (Reino Unido), XIII
"Should I Stay or Should I Go?" (The Clash), 77
Shu, Suzanne, 74, 76, 196, 198-9, 208
Sideways (filme), 76
Sim! 50 segredos da ciência da persuasão (Goldstein, Martin e Cialdini), XV, 37, 128
similaridades incomuns, 28-9
Sivanathan, Niro, 52
SMALL BIG para preparação e performance, 109-12
social, aprovação, XV
    dissociação de um grupo, 8-12
    energia, 2-3
    estudo com moradores da Califórnia, motivos para economizar
    influenciando todos os tipos de cobrança com, 6
    influenciando a economia de energia com, 7
    influenciando o pagamento de impostos com, 1-7, 9-10
    "ola mexicana", fenômeno da, 8, 8n1
    razões para contribuir com um músico no rua e, 4-5
    reutilização das toalhas de hotel e, 37
    seguindo a multidão, 1-7, 13
    semelhanças nominativas e, 10-1
    sinal público de compromisso e, 39-40
    social, identidade, e, 9-10
    social, normas, e estruturação de mensagens, 13-16
    "teoria das janelas quebradas", 17-21
    três motivações humanas para seguir a multidão, 2
    uso aprimorado da, 5-7, 10
social, identidade, 9, 13
    aceitação de ex-rivais e, 27-9
    por CEP, 10
    por cidade, 10
    por endereços IP, 10
    similaridades incomuns e, 28-9
sociais, normas
    desconhecimento das, 16
    efeito das violações das, no comportamento, 17-21
    estruturando mensagens em termos de desvio das, 15-7
    informando sobre, 16
    percepção das, 14-15
Sprott, David, 143-4
Star Trek: Primeiro Contato (filme), 197
Stasser, Garold, 85
Steel, reverendo Richard, 126-30
Steg, Linda, 17
St. John, Igreja, Inglaterra, 126-30
Suarez, Luis, 137
sucesso
    administração x eliminação de erros e, 185-8
    consequente x subsequente, 181
    erros e, 181-4
    falhas dos outros, aplicações das, 183
    importância das informações negativas, 182-3
    "lista de estupidezes", 184
    por que as empresas fracassam, aprendendo com, 184

T

"teoria das janelas quebradas", 17-21
Thaler, Richard, 59
Thomas, Manoj, 178
Titus, William, 85
tocando objetos, 196-9
    toque virtual, 199

Todd, Peter, 30
tomada de decisões
    aumento do compromisso e, 50-2
    Barry Diller, erro de, 49, 52
    conexão emocional e, 196-9
    conselho de especialista e, 94
    custo de oportunidade e, 162, 165
    distância física e, 178-80
    escolhas e contexto, 147-50
    experimento do leilão, 49-50
    indo contra a multidão e, 8-12
    informações negativas e, 183
    mantendo a objetividade, 53
    o que é oferecido primeiro e, 155-6
    opções padrão e, 69
    pequenos GRANDES a evitar, 49-53
    preferência pelo potencial, 83
    recompensa imediata x postergada, 175
    resenhas online e, 189-91, 189n1
    seguindo a multidão, 2-7, 8-11, 13
    semelhanças como influência na, 91
    terminações dos preços, influência das, 141-5
Tormala, Zakary, 81-2, 98-9
Tost, Leigh, 207
Trope, Yaacov, 58
Tsai, Claire, 178

U
Urminsky, Oleg, 64

V
vacinas contra gripe, 70-1
Valenzuela, Ann, 100-1
Van den Eijnden, Regina, 15
vantagem de jogar em casa, 107-8
vendas a varejo
    convite para avaliar a experiência, 191
    distância física do vendedor e, 179-80
    online, compras, 202
    online, resenhas, e, 189-91, 189n1
    persuadindo clientes a trocar produtos, 203
    possibilidade de tocar um produto e, 196-9
    terminações dos preços (,99), 141-6
vestido para o sucesso, 89-91
    estudos de Bickman, 89-90
    princípio da autoridade, 90
Virgílio, 97

W
Wang, Yitong, 42
Weakest Link (programa de TV), 100
    estudos sobre fatores que influenciam na vitória, 100
Weaver, Kimberlee, 152-3
Wiley, Elizabeth, 138
Wilson, James, 17
Wiltermuth, Scott, 175-6

X
Xu, Fei, 155

Y
Yap, Andy, 111
Yelp.com, 190-1
yesmywine.com, 170

Z
Zhang, Jiao, 155
Zhang, Ying, 171
Zhu, Juliet, 87, 104

CONHEÇA OUTROS LIVROS DA ALTA BOOKS!

Negócios - Nacionais - Comunicação - Guias de Viagem - Interesse Geral - Informática - Idiomas

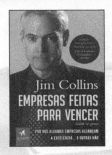

Todas as imagens são meramente ilustrativas.

SEJA AUTOR DA ALTA BOOKS!

Envie a sua proposta para: autoria@altabooks.com.br

Visite também nosso site e nossas redes sociais para conhecer lançamentos e futuras publicações!

www.altabooks.com.br

/altabooks ▪ /altabooks ▪ /alta_books

ALTA BOOKS
E D I T O R A

PERSUASÃO
& INFLUÊNCIA